KÖNIGS ERLÄUTERUNGEN

Band 187

Textanalyse und Interpretation zu

Bertolt Brecht

DIE HEILIGE JOHANNA DER SCHLACHTHÖFE

Rüdiger Bernhardt

Alle erforderlichen Infos für Abitur, Matura, Klausur und Referat
plus Musteraufgaben mit Lösungsansätzen

Zitierte Ausgabe:
Bertolt Brecht: *Die heilige Johanna der Schlachthöfe*. Berlin: Suhrkamp Verlag,
1962, 35. Aufl. 2012 (edition suhrkamp 113)

Über den Autor dieser Erläuterung:
Prof. Dr. sc. phil. Rüdiger Bernhardt lehrte neuere und neueste deutsche
sowie skandinavische Literatur an Universitäten des In- und Auslandes. Er
veröffentlichte u. a. Studien zur Literaturgeschichte und zur Antikerezeption,
Monografien zu Henrik Ibsen, Gerhart Hauptmann, August Strindberg und
Peter Hille, gab die Werke Ibsens, Peter Hilles, Hermann Conradis und anderer
sowie zahlreiche Schulbücher heraus. Von 1994 bis 2008 war er Vorsitzender
der Gerhart-Hauptmann-Stiftung Kloster auf Hiddensee. 1999 wurde er in die
Leibniz-Sozietät gewählt.

Hinweis:
Die Rechtschreibung wurde der amtlichen Neuregelung angepasst. Zitate von
Bertolt Brecht müssen aufgrund eines Einspruches in der alten Rechtschreibung
beibehalten werden.

Das Werk und seine Teile sind urheberrechtlich geschützt. Jede Verwer-
tung in anderen als den gesetzlich zugelassenen Fällen bedarf der vorherigen
schriftlichen Einwilligung des Verlages. Hinweis zu § 52 a UrhG: Die öffentliche
Zugänglichmachung eines für den Unterrichtsgebrauch an Schulen bestimmten
Werkes ist stets nur mit Einwilligung des Berechtigten zulässig.

1. Auflage 2016
ISBN: 978-3-8044-2026-7
PDF: 978-3-8044-6026-3, EPUB: 978-3-8044-7026-2
© 2016 by C. Bange Verlag GmbH, 96142 Hollfeld
Alle Rechte vorbehalten!
Titelabbildung: Katharina Marie Schubert als heilige Johanna der Schlachthöfe
am Deutschen Theater Berlin 2009 © ullstein bild – Lieberenz
Druck und Weiterverarbeitung: Tiskárna Akcent, Vimperk

1. DAS WICHTIGSTE AUF EINEN BLICK – SCHNELLÜBERSICHT

Damit sich jeder Leser in diesem Band rasch zurechtfindet und das für ihn Interessante gleich entdeckt, folgt eine Übersicht.

Im 2. Kapitel wird **Bertolt Brechts Leben** beschrieben und auf den **zeitgeschichtlichen Hintergrund** verwiesen:

⇨ S. 12 ff.

→ Bert(olt) Brecht lebte von 1898 bis 1956. Sein umfangreiches Schaffen umfasst alle Gattungen. Ein erster Welterfolg wurde die *Dreigroschenoper* (1928, mit der Musik von Kurt Weill).

→ Seinen literarischen Durchbruch erlebte er 1924 in Berlin. Nach (Ost-)Berlin kehrte er aus dem Exil zurück, in das er 1933 von den Nazis gezwungen worden war, und leitete seit 1949 gemeinsam mit seiner Frau Helene Weigel in der DDR das weltberühmte *Berliner Ensemble*, das seit 1954 ein festes Haus im *Theater am Schiffbauerdamm* bekam.

⇨ S. 24 ff.

→ Er entwickelte die moderne Form des Parabelstücks, den Verfremdungseffekt (V-Effekt) und das epische Theater, die die (herkömmliche) Identifikation des Zuschauers mit dem dramatischen Geschehen durch Einfühlung zu verhindern versuchen und dafür Belehrung und Nachdenken auslösen wollen.

→ Sein Werk war von Beginn an sozialkritisch, antikapitalistisch und antifaschistisch und propagierte den Klassenkampf aus marxistischer Sicht.

→ Eine wesentliche Absicht seiner Werke ist die Überwindung der Entfremdung und Selbstentfremdung des Menschen in der kapitalistischen Gesellschaft.

Im 3. Kapitel werden eine Textanalyse und -interpretation geboten.

Die heilige Johanna der Schlachthöfe – Entstehung und Quellen:

Das Stück ging aus früheren Stücken und Fragmenten der 1920er ⇨ S. 31 ff.
Jahre hervor, die sich mit wirtschaftlichen Vorgängen, besonders
der Fleischproduktion in Chicago, mit der Bedeutung der Heilsarmee, aber auch mit Arbeitslosen, Börsenspekulanten, Philanthropen und möglichen Lösungen von gesellschaftlichen Widersprüchen beschäftigten. Das Stück entstand um 1929/30 und wurde
mit Mitarbeitern, insbesondere Elisabeth Hauptmann, erarbeitet.
Zu den Quellen gehörten Upton Sinclairs Roman *Der Sumpf* ebenso wie Friedrich Schillers *Die Jungfrau von Orleans*, Stücke Shakespeares und Szenen aus Johann Wolfgang von Goethes *Faust*, aber
auch das *Kapital* von Karl Marx.

Inhalt:

Der Fleischkönig Mauler kann in Chicago mit Hilfe seiner Freunde ⇨ S. 33 ff.
an der Börse in New York während einer Krise den Fleischmarkt
durch Spekulationen und Druck auf die Viehzüchter über die Makler bis zu den Fleischproduzenten zu seinen Gunsten umgestalten.
Tausende Arbeiter verlieren dabei ihren Job, andere, die bleiben
dürfen, ein Drittel ihres Lohnes. Dabei helfen Mauler die *Schwarzen
Strohhüte*, eine der Heilsarmee vergleichbare Organisation. Johanna, deren Leutnant, glaubt an das Gute im Menschen und will durch
Güte, Gottvertrauen, Barmherzigkeit und Gewaltlosigkeit den Armen und Arbeitslosen helfen, scheitert dabei und sucht deshalb
nach den Gründen für die Armut. Dabei dringt sie zu Mauler vor,
wird aber von diesem belehrt, die Schlechtigkeit der Armen sei an
deren Lage schuld. Johanna gelangt zwar auf ihrem Weg zu richtigen Erkenntnissen, verkennt aber lange die Mittel: Sie glaubt an Gewaltlosigkeit und arbeitet damit unabsichtlich Mauler in die Hände.
Schließlich begeht sie einen entscheidenden Fehler und versagt bei

der Organisation des Generalstreiks. Als dieser scheitert, erkennt sie ihren Irrtum, auf Einsicht durch Güte gesetzt zu haben, aber es ist zu spät: Sie stirbt mit der Erkenntnis, dass nur Gewalt eine Veränderung herbeiführt. Als sie das sterbend vorträgt, wird sie von den *Schwarzen Strohhüten*, den Packherren und Fleischproduzenten gemeinsam übertönt und als heilige Johanna der Schlachthöfe inthronisiert.

Chronologie und Schauplätze:

Das Schauspiel, das Züge eines Lehrstücks trägt, handelt in der Bühnenfassung von 1931 in Chicago um 1900. Die Druckfassung in den *Versuchen 1932* verzichtet auf die zeitliche Angabe; es darf 1929/30 – die Weltwirtschaftskrise – angenommen werden. Die Haupthandlungsorte sind die Viehbörse, die Schlachthöfe Chicagos und der Sitz der *Schwarzen Strohhüte*.

Aufbau:

⇨ S. 49 ff.

→ Brechts aufgrund von Marx-Studien erworbenes Wissen um ökonomische Vorgänge und Gesetzmäßigkeiten setzte sich in der Dramaturgie des Stückes um und führte zur „großen Form".

→ Trotz des Lehrstückcharakters, der Verfremdungseffekte (V-Effekte) und der epischen Elemente bestehen Ähnlichkeiten mit dem (traditionellen) aristotelischen Drama.

→ Die Anlehnung an klassische Vorbilder (Titel, Verssprache, Parallelität von Szenen) dient zur Parodie und wirkt als Verfremdungseffekt.

Personen:

Die Hauptpersonen sind:

Johanna Dark, 25 Jahre,   ⇨ S. 72 ff.
→ nach der historischen Jeanne d'Arc genannt,
→ Leutnant der *Schwarzen Strohhüte*,
→ ein naives Mädchen mit unentwickelter Intelligenz,
→ kommt zur richtigen politischen Einsicht und versucht diese zu vermitteln.

Pierpont Mauler, ca. 40 Jahre   ⇨ S. 74 ff.
→ Fleischkönig von Chicago,
→ mit Merkmalen der amerikanischen Gründerzeit ausgestattet,
→ Philanthrop, aber ohne den Kapitalismus einschränken zu wollen,
→ setzt sich im Konkurrenzkampf durch.

Sullivan Slift   ⇨ S. 76 ff.
→ Makler Maulers und Begleiter Johannas auf ihrem zweiten Gang in die Tiefe,
→ trägt mephistophelische Züge,
→ entspricht dem Grafen Dunois in Schillers *Die Jungfrau von Orleans*.

Fleischfabrikanten   ⇨ S. 77
→ Partner und Konkurrenten von Mauler,
→ „Opfer des erbitterten Konkurrenzkampfes" (S. 11).

Arbeiter   ⇨ S. 77
→ treten als Gemeinschaft, Gruppe oder Klasse auf,
→ keine Individualisierungen,
→ planen Streik zur Veränderung der sozialen Lage.

⇨ S. 77 f.

Schwarze Strohhüte

→ entsprechen der Heilsarmee,
→ geben den Armen selbst die Schuld an ihrer Armut,
→ versprechen Erlösung im Jenseits,
→ sind unwissentlich Verbündete der Fleischproduzenten und Viehzüchter.

Stil und Sprache Bertolt Brechts:

⇨ S. 88 ff.

→ Vom Titel aus entwickeln sich mehrere metaphorische Felder.
→ Namen, Zitate (Bibelzitate) und Verweise sind von Bedeutung.
→ Eine besondere Rolle spielt die literarische Beziehung zu Schillers *Die Jungfrau von Orleans*.
→ Ein auffallendes Merkmal ist der Kontrast von Vers und Prosa, von klassischen Versen und Versstrukturen Brechts, von individuellem Sprechen und chorischen Beiträgen.
→ Sprachlich werden die Schlachthöfe zum Ausschnitt für die Welt entwickelt.
→ Ein sprachliches Experiment ist am Schluss die Konfrontation von Kirchengesängen und aktuellen Zeitungsmeldungen von 1932.

Verschiedene Interpretationsansätze bieten sich an:

⇨ S. 93 ff.

→ Das Stück ist das Abbild einer (gemäß Marx'scher Theorie) zyklischen Krise des Kapitalismus im Angesicht der Weltwirtschaftskrise von 1929 und ihrer Folgen, gleichzeitig eine Parabel auf derartige Krisen.
→ Interpretation unter dem Aspekt der Marx-Studien Brechts
→ Börse und Warenproduktion als moderne Religion

Rezeptionsgeschichte:

→ Geplante Aufführungen kamen 1932, mit Ausnahme einer   ⇨ S. 99 ff.
  Hörspielfassung, nicht zustande.

→ Die deutsche Uraufführung fand erst 1959 in Hamburg (Regie:
  Gründgens) statt.

→ Die Erstaufführung für die DDR hatte am 12. April 1961 am
  Staatstheater Dresden Premiere.

→ Zu einer bemerkenswerten Inszenierung wurde die Aufführung
  am *Berliner Ensemble* am 12. Juni 1968.

→ Seit den 1960er Jahren wurde verstärkt die Aktualität des
  Stückes in Frage gestellt.

→ Das Stück ist aber durch die Globalisierung und angesichts neuer (globaler) Wirtschafts- und Finanzkrisen auch heute noch aktuell.

2. BERTOLT BRECHT: LEBEN UND WERK[1]

2.1 Biografie

Bertolt Brecht
(1898–1956)
© ullstein bild –
ullstein bild

JAHR	ORT	EREIGNIS	ALTER
1898	Augsburg	10. Februar, Auf dem Rain 7: Eugen Berthold Friedrich B. wird als Sohn des Kaufmanns und späteren Direktors der Papierfabrik Haindl Berthold B. (1869–1939) und seiner Ehefrau Sophie, geb. Brezing (1871–1920), geboren. 20. März: Taufe in der evangelischen Barfüßerkirche.	
1904	Augsburg	Volksschule bei den Barfüßern.	6
1908–1917	Augsburg	Besuch des Kgl. Bayerischen Realgymnasiums.	10
1912	Augsburg	Konfirmation.	14
1914	Augsburg	Januar: Erscheinen des Stückes *Die Bibel*. Erste kriegsbegeisterte Gedichte mit Kaiserhuldigung in den *Augsburger Neuesten Nachrichten* und der *München-Augsburger Abendzeitung* unter dem Pseudonym Berthold Eugen.	16
1916	Augsburg	Erstmals ein Gedicht (*Das Lied der Eisenbahntruppe von Fort Donald*) mit dem Namen Bert Brecht veröffentlicht. Beginn der Freundschaft mit dem späteren Bühnenbildner Caspar Neher.	18
1917	Augsburg Tegernsee München	Vor Ostern: Not-Abitur. September: Hauslehrer. Ende September: zieht zu einer Tante Caspar Nehers.	19

---

1 In Zweifelsfällen erfolgt die Angabe nach Mittenzwei: *Das Leben des Bertolt Brecht*, Bd. 2, S. 695 ff.

2.1 Biografie

JAHR	ORT	EREIGNIS	ALTER
		2. Oktober: Immatrikulation an der Philosophischen Fakultät (Literatur- und Theaterwissenschaft), im 2. Semester Wechsel zur Medizin.	
1918	München	Januar: Musterung, bis August zurückgestellt.	19
	Augsburg	1. Oktober 1918–9. Januar 1919: Militärdienst, Sanitätssoldat in einem Seuchenlazarett (*Lied an die Kavaliere der Station D*). Seit November Mitglied des Arbeiter- und Soldatenrates, ohne besonders aufzufallen.[2]	
1919	Augsburg	Januar/Februar: *Trommeln in der Nacht (Spartakus)* entsteht. Uraufführung: 29. September 1922. 30. Juli: Frank, Brechts erster Sohn, geboren, Mutter: Paula (Bi) Banholzer. Herbst: mehrere Einakter entstehen, darunter *Die Kleinbürgerhochzeit*.	21
1920	Berlin	Erste Berlinreise, März: Rückkehr nach München.	22
	München	21. Oktober bis 12. Januar 1921: Theaterkritiken für den *Volkswillen* (Tageszeitung der Unabhängigen Sozialdemokratischen Partei); erster Hinweis auf das Thema der *Heiligen Johanna*.	
1921	München	November: Exmatrikulation ohne Abschluss.	23
	Berlin	November–April: Zweite Berlinreise. Verlagsverhandlungen. Gedichtsammlung *Hauspostille* liegt vor. Erscheint erst 1927.	

---

2   Vgl. Mittenzwei: *Das Leben des Bertolt Brecht*, Bd. 1, S. 84.

2.1 Biografie

JAHR	ORT	EREIGNIS	ALTER
1922	München	Oktober: Dramaturg an den Münchener Kammerspielen. Beschäftigt sich mit dem Marxismus. November: Eheschließung mit Marianne Zoff.	24
	Berlin	Kleist-Preis auf Anregung Herbert Jherings für *Trommeln in der Nacht*. Begegnet erstmals Helene Weigel.	
1923	Berlin	Freundschaft mit Arnolt Bronnen, nach dessen Vornamen er sich von nun an „Bertolt" nennt. Geburt der ersten Tochter Hanne, Mutter: Marianne Zoff.	25
1924	Berlin	Nach Besuchen Capris mit Marianne Zoff übersiedelt er nach Berlin zu Helene Weigel. Dramaturg am Deutschen Theater. Elisabeth Hauptmann wird seine ständige Mitarbeiterin und Geliebte. November: Sohn Stefan wird geboren, Mutter: Helene Weigel.	26
1926	Darmstadt	Uraufführung: *Mann ist Mann*. Oktober: Beschäftigung mit Marx' *Das Kapital*. Ende des Jahres: Zehn Gedichte werden zu dem Zyklus *Aus einem Lesebuch für Städtebewohner* zusammengestellt.	28
1927	Berlin	Preisrichter in einem Lyrik-Wettbewerb, erkennt keinem Teilnehmer einen Preis zu. Beginn der Zusammenarbeit mit Kurt Weill. Songspiel *Mahagonny* (Uraufführung: 17. Juli in Baden-Baden).	29
	Berlin	Zusammenarbeit mit Erwin Piscator. *Bertolt Brechts Hauspostille* erscheint im Propyläen-Verlag.	
1928	**Berlin**	**Vorarbeiten zu *Die heilige Johanna der Schlachthöfe*.**	30

2.1 Biografie

JAHR	ORT	EREIGNIS	ALTER
		31. August: Uraufführung der *Dreigroschen-oper* am Theater am Schiffbauerdamm. 16. September: Scheidung von Marianne Zoff.	
1929		10. April: Eheschließung mit Helene Weigel. Selbstmordversuch Elisabeth Hauptmanns, Bruch Marieluise Fleißers mit Brecht. Mai: Bekanntschaft mit Walter Benjamin.	31
1930	Leipzig	9. März: Uraufführung: *Aufstieg und Fall der Stadt Mahagonny;* Musik: Kurt Weill.	32
	Le Lavandou (Riviera)	**Mai–Juni: Mit Burri und Elisabeth Hauptmann Arbeit an der *Heiligen Johanna*** und Lehrstück *Die Ausnahme und die Regel.* 28. Oktober: Geburt der Tochter Barbara (Mutter: Helene Weigel). 13. Dezember: Uraufführung des Lehrstücks *Die Maßnahme.*	
1931	Berlin	Februar: Filmpremiere: *Die Dreigroschen-oper* (Regie: Georg Wilhelm Pabst).	33
	Le Lavandou (Riviera)	**Mai–Juni: Begegnung mit Weill, Benjamin, Lotte Lenya u. a. Mit Burri und Elisabeth Hauptmann Arbeit an der *Heiligen Johanna.*** Herbst: Dramatisierung von Maxim Gorkis Roman *Die Mutter.*	
	Unterschondorf (Ammersee)	**November: Fertigstellung der Bühnenfassung *Die heilige Johanna der Schlachthöfe.***	
1932	Berlin	Lernt bei den Proben zur *Mutter* Margarete Steffin kennen, die seine Mitarbeiterin und Geliebte wird. Kauft einen Landsitz am Ammersee. Mai: Besuch in Moskau zur Uraufführung des Films *Kuhle Wampe*, trifft Sergej Tretjakow.	34

2.1 Biografie

JAHR	ORT	EREIGNIS	ALTER
1933		28. Februar: B. verlässt nach dem Reichstagsbrand mit Helene Weigel und Sohn Stefan Deutschland, emigriert über die Tschechoslowakei, Österreich, Schweiz (Begegnung mit Anna Seghers, Alfred Döblin, Kurt Kläber und Bernard von Brentano), Frankreich nach Dänemark (Einladung durch die Schriftstellerin Karen Michaelis).	35
	Skovsbostrand	August: B. kauft ein Haus in Skovsbostrand bei Svendborg. Lernt die Schauspielerin Ruth Berlau kennen, die seine Mitarbeiterin und Geliebte wird.	
	Paris	Mit Margarete Steffin Vorbereitung des Zyklus *Lieder, Gedichte, Chöre*.	
	Sanary-sur-Mer	Mitte September: B. besucht Lion Feuchtwanger in Sanary-sur-Mer.	
1934	Skovsbostrand	Hanns Eisler und Walter Benjamin zu Besuch.	36
	London	Oktober–Dezember: Zusammenarbeit mit Leo Lania.	
1935	Moskau	Frühjahr: Reise nach Moskau. Begegnung mit Sergej Tretjakow, Carola Neher und anderen. 8. Juni: Aberkennung der deutschen Staatsbürgerschaft „wegen Schädigung der deutschen Belange und Verstoßes gegen die Pflicht zur Treue gegen Reich und Volk".	37
	Paris	21. bis 25. Juni: Mit Karen Michaelis nimmt B. am I. Internationalen Schriftstellerkongress zur Verteidigung der Kultur teil.	
	New York	7. Oktober: Reise zu Proben zur *Mutter*.	
1936	London Skovsbostrand	Arbeitet mit Fritz Kortner. August: Besuch Benjamins.	38
1937	Sanary-sur-Mer	Oktober: Besuch bei Feuchtwanger.	39

2.1 Biografie

JAHR	ORT	EREIGNIS	ALTER
1938	Paris	Proben für *Furcht und Elend des Dritten Reiches*. 21. Mai: Uraufführung (Musik: Paul Dessau). Zusammenstellung der *Svendborger Gedichte*. Erste Fassung von *Leben des Galilei*.	40
1939	Stockholm	April/Mai: Übersiedlung nach Schweden. Juli: Zieht in ein Landhaus auf der Insel Lidingö. Bekanntschaft mit dem Maler Hans Tombrock. Schreibt *Mutter Courage und ihre Kinder* (Uraufführung 1941 in Zürich)	41
1940	Helsinki	17. April: Siedelt mit der Familie und Margarete Steffin nach Finnland über. Auf Einladung der finnischen Schriftstellerin Hella Wuolijoki Übersiedlung auf das Gut Marlebäck, dorthin folgt auch Ruth Berlau.	42
1941	Moskau Los Angeles	Mai: B. trifft mit seiner Familie, Margarete Steffin und Ruth Berlau ein. Erkrankung der Steffin, die bald darauf stirbt. Juni: Nach Wladiwostok und Abreise in die USA. 21. Juli: Ankunft in San Pedro (Hafen von L. A.). August: Umzug nach Santa Monica, erfolglose Arbeit an Filmszenarien.	43
1942	Santa Monica	Zusammenarbeit mit Hanns Eisler, dem Regisseur Fritz Lang und Lion Feuchtwanger. Es entstehen die *Hollywood-Elegien*.	44
1943	New York Zürich	Lebt für drei Monate, Ende des Jahres für vier Monate bei Ruth Berlau. Uraufführung des Stücks *Der gute Mensch von Sezuan* (Februar) und *Leben des Galilei* (September).	45
1944	Santa Monica	Mit Charles Laughton Arbeit an einer amerikanischen Fassung des *Galilei*.	46

2.1 Biografie

JAHR	ORT	EREIGNIS	ALTER
1945	Santa Monica	Beginnt die Versifizierung des *Kommunistischen Manifestes*.	47
	New York	Mai: Zwei Monate Aufenthalt bei Ruth Berlau. Aufführung: *Furcht und Elend des Dritten Reiches*.	
1946	New York	Drei Monate, u. a. Besuch bei Ruth Berlau in der Klinik (Nervenzusammenbruch). Zusammenarbeit mit W. H. Auden.	48
1947	Hollywood	30. Juli: Premiere des *Galileo*. Mitte September: Vorbereitung der Abreise. 30. Oktober: Verhör vor dem Ausschuss für unamerikanische Betätigung. Verlässt einen Tag später die USA in Richtung Paris.	49
	Paris	Begegnung mit Anna Seghers.	
	Zürich	5. November: Ankunft, am nächsten Tag Besuch im Zürcher Schauspielhaus. Trifft mit Carl Zuckmayer, Erich Kästner, Werner Bergengruen und Max Frisch – ihre Beziehung wird intensiv – zusammen.	
	Zürich	19. November: Helene Weigel und Tochter Barbara treffen ein.	
1948	Chur	Inszenierung der Bearbeitung der *Antigone* des Sophokles. Uraufführung am 15. Februar.	50
	Prag	17. Oktober: Über Prag nach Berlin.	
	Bad Schandau	22. Oktober: Begrüßung durch Ludwig Renn und andere.	
	Berlin	12. Dezember: Mit Wolfgang Langhoff Absprache über ein eigenes Ensemble im Deutschen Theater. Wohnt in einem Flügel des Hotels „Adlon".	

2.1 Biografie

JAHR	ORT	EREIGNIS	ALTER
1949	Berlin	11. Januar: Deutsche Premiere der *Mutter Courage und ihre Kinder* (Regie: Bertolt Brecht und Erich Engel). 20. Februar: Helene Weigel beginnt mit dem Aufbau des *Berliner Ensembles*. B. schreibt nach Nordahl Griegs Drama *Die Niederlage* das Stück *Die Tage der Commune*. Pfingsten: Haus in Berlin-Weißensee. August/September: Reisen nach München und Augsburg. 12. November: Eröffnung des *Berliner Ensembles* (BE) mit *Herr Puntila und sein Knecht Matti*.	51
1950	Berlin	24. März: Mitglied der Deutschen Akademie der Künste Österreich. 12. April: Erhält die österreichische Staatsbürgerschaft, die reaktionäre Wiener Presse ist empört. 15. April: Uraufführung *Der Hofmeister* (Regie: Bertolt Brecht).	52
1951		*100 Gedichte, Die Erziehung der Hirse, Herrnburger Bericht* anlässlich der 3. Weltfestspiele der Jugend und Studenten. Nationalpreis I. Klasse.	53
1952	Buckow	14. Februar: Am Schermützelsee pachten Brecht und Helene Weigel ein Grundstück. Herbst: Bearbeitung des Hörspiels *Der Prozess der Jeanne d'Arc zu Rouen 1431* von Anna Seghers, Probenbeginn.	54
1953		17. Juni: Brecht erklärt anlässlich des Volksaufstandes seine Verbundenheit mit der Regierung der DDR und wendet sich gegen „faschistische Provokationen". Tritt für eine umfassende Volksaussprache ein. *Buckower Elegien*.	55

2.1 Biografie

JAHR	ORT	EREIGNIS	ALTER
1954	Berlin	19. März: Umzug des BE in das Theater am Schiffbauerdamm. Eröffnung mit Brechts Bearbeitung von Molières *Don Juan*. Ende Juni: Gastspiele mit der *Mutter Courage* in Brügge, Amsterdam und Paris.	56
1955	Moskau	25. Mai: Verleihung des *Stalin-Friedenspreises* B. wird von Helene Weigel und Käthe Rülicke begleitet.	57
	Paris	14. Juni: Gastspiel des BE mit *Der Kaukasische Kreidekreis*.	
1956	Mailand	Mit Elisabeth Hauptmann und Hanne Hiob zur Premiere der *Dreigroschenoper* (Regie: Giorgio Strehler).	58
	Berlin	Mai: Charitéaufenthalt wegen einer Virusgrippe. Anschließend meist in Buckow. 14. August: Tod infolge eines Herzinfarkts. 17. August: Beisetzung auf dem *Dorotheenstädtischen Friedhof*.	
1959	**Hamburg**	**30. April: Uraufführung *Die heilige Johanna der Schlachthöfe*, Regie: Gustaf Gründgens, Johanna: Brechts Tochter Marianne Hiob**	

2.2 Zeitgeschichtlicher Hintergrund

ZUSAMMEN-
FASSUNG

Auf das Stück hatte das Phänomen wiederkehrender Wirtschaftskrisen und vor allem die Weltwirtschaftskrise von 1929 Einfluss, bei der erstmals nicht nur Arbeiter in Massen arbeitslos wurden, sondern auch Unternehmer in großer Zahl pleitegingen. Das überlagerte sich für Brecht mit der Entwicklung der Sozialdemokratie in Deutschland im Verlauf der 1920er Jahre. Am Ende der Weimarer Republik war Brechts Dichtung zur eindeutig politischen Dichtung geworden. Es war eine Zeit des politisch-sozialen Reformismus, der von Brecht abgelehnt und durch Positionen des marxistischen Klassenkampfes ersetzt wurde. Der aufkommende Nationalsozialismus hatte bereits vor 1933 nachhaltigen Einfluss auf Politik und Kultur.

Im Hintergrund des Stückes ist die **Weltwirtschaftskrise** von 1929 zu sehen, die mit einem Börsenkrach in New York ("Schwarzer Freitag" am 25. Oktober 1929) begann und bis in die 1930er Jahre hinein alle bedeutenden Industrieländer erfasste. Deutschland war von der Weltwirtschaftskrise besonders stark betroffen, was mit zum Niedergang der Weimarer Republik beitrug. Der Überproduktion stand ungenügender Absatz gegenüber, danach folgten die Einschränkung der Produktion und eine entstehende **Massenarbeitslosigkeit** mit ihren Folgen wie Armut, Verelendung, Kriminalität und Inflation.[3] Erstmals wurde dabei deutlich, dass nicht nur

Börsenkrach in New York

---

3 In Deutschland stieg die Arbeitslosigkeit von 1,4 Millionen im September 1929 auf 3,5 Millionen im Februar 1930. Der Höhepunkt war im Februar 1932 mit über 6 Millionen Arbeitslosen erreicht.

2.2 Zeitgeschichtlicher Hintergrund

die Arbeiter, sondern auch die Unternehmer, die in großer Zahl pleitegingen, von den Gesetzen der Wirtschaft beherrscht und nur bedingt handlungsfähig waren. Hinzu kam, dass weltweit Banken zusammenbrachen und selbst führende Banken ihren Zahlungsverkehr einstellen mussten. Auf diese ökonomisch-politische Gemengelage machen die Schlagzeilen aufmerksam, die am Ende des Stückes während Johannas Tod von Lautsprechern verkündet werden und bevorzugt aus dem Jahre 1932 stammen (vgl. S. 146 f.). Diese weltweiten Vorgänge überlagerten sich für Brecht, den der schnelle Absturz des zuvor prosperierenden Deutschlands („Goldene Zwanziger") beschäftigte, mit der Entwicklung der Sozialdemokratie in Deutschland. In den ersten Entwürfen von 1929 notierte Brecht, die SPD glaube, man könne den Armen helfen, „indem dem Kapitalismus geholfen wird"[4]. Dem entspricht in seinem Stück die frühe Haltung seiner Johanna, die sich jedoch als folgenlos, ja geradezu schädlich für die Unterstützung der Arbeiter erweist.

Zusammenbruch von Banken

Brechts Kritik an der Politik der SPD

Am Ende der Weimarer Republik war Brechts Dichtung zur eindeutig politischen Dichtung geworden, in der er sein **marxistisch-dialektisches Weltbild** gestaltete. Brechts Dichtung war „ästhetisch bestimmt von der dialektischen Rhetorik. (...) Brecht hat immer rhetorisch geschrieben, aber durch seine Beschäftigung mit dem Marxismus definiert sich die Richtung seines Angriffs genauer."[5] Dazu gehörte die aktuelle Erfahrung der die gesamte Gesellschaft erfassenden Arbeitslosigkeit 1929, die den einzelnen Menschen und die gesamte Klasse der Arbeiter gleichermaßen betraf: „Meine Herrn, das ist sehr schwierig / Mit der Arbeitslosigkeit (...) Denn das muß ein Volk ja schwächen / Diese Arbeitslosigkeit."

Politisierung von Brechts Dichtung

Belehrung statt Einfühlung

---

4   Zitiert nach: Knopf: *Bertolt Brecht*, S. 232.
5   Christiane Bohnert: *Brecht. Rhetorische Gedichte im Spannungsfeld der Geschichte*. In: Brecht-Journal 2. Hrsg. von Jan Knopf. Frankfurt a. M.: Suhrkamp, 1986 (edition suhrkamp, Bd. 1396), S. 115 (Hervorhebung im Original aufgehoben).

2.2 Zeitgeschichtlicher Hintergrund

(*Meine Herrn* …, um 1930; GBFA 14, S. 110). Diese Erfahrung führte zu einer nachhaltigen **Veränderung von Brechts literarischem Konzept**: Er ignorierte von nun die Themen Natur und Gefühle fast völlig, und anstelle von Einfühlung (des Zuschauers oder Lesers), wie in der klassischen Literatur, sollte Belehrung angestrebt werden. Um 1930 lagen erste dichterische Zeugnisse der marxistischen Studien Brechts vor, wobei sich Brecht auf ökonomischpolitische Aspekte, nicht auf parteiorganisatorische Fragen konzentrierte: *Die heilige Johanna der Schlachthöfe* (1931) und *Die Mutter* (Uraufführung 1932). Zudem entstand die lyrische Sammlung *Lieder Gedichte Chöre* (1934). Brechts Lektor Alexander Abusch bezeichnete diese Sammlung als „eine poetisierte Dialektik, oder besser vielleicht: dialektische Poesie"[6]. Diese Werke antworteten auf Reformvorschläge, die von politischen Parteien wie in Deutschland der SPD gemacht wurden, aber z. B. auch in George Bernard Shaws Stück *Major Barbara* zu finden sind (1905) und die angesichts der angespannten Situation für Kompromisse und Gewaltlosigkeit warben. Brecht wandte sich dagegen mehrfach gegen Angebote sozialer Kompromisse in grundsätzlichen Fragen, so auch bei einer Bestimmung seiner Intention als Dramatiker: „Das Ziel des Stückes (ist)(,) eine tiefgreifende und zum Handeln ausreichende Erkenntnis der großen gesellschaftlichen Prozesse unserer Zeit zu vermitteln"[7].

Revolution statt Reform

Die Fertigstellung des Stücks war auch für das Jubiläum der Johanna von Orleans bzw. Jeanne d'Arc 1931 gedacht: 500 Jahre zuvor, 1431, war die historische Jeanne d'Arc hingerichtet worden.

Beitrag zum Jeanne-d'Arc-Jubiläum 1931

---

6   Zitiert nach: ebd., S. 121.
7   Bertolt Brecht: *Anmerkungen zu* Die heilige Johanna der Schlachthöfe. In: Brecht: Schriften zum Theater, Bd. 2, S. 153.

2.3 Angaben und Erläuterungen zu wesentlichen Werken

2.3 Angaben und Erläuterungen zu wesentlichen Werken

ZUSAMMEN-FASSUNG

Die heilige Johanna der Schlachthöfe ist ein Drama im „großen Stil", das zahlreiche frühere Versuche, die Fragment geblieben waren, in sich aufnahm. Gleichzeitig vereinigt das Werk an das aristotelische Theater erinnernde ästhetische Merkmale mit ökonomischen Erkenntnissen zu den wiederkehrenden Krisen im Kapitalismus, die Brecht in anderen Stücken bereits thematisiert hatte.

Die Werke des frühen Brecht bis zu *Die heilige Johanna der Schlachthöfe* gehören unter mehreren Gesichtspunkten zusammen:

Individuum und Gemeinschaft

→ Der dominierende Aspekt ist das Thema der grundsätzlichen Übereinstimmung des Individuums mit den Zielen der Gemeinschaft/Gesellschaft, die **Unterwerfung** seiner persönlichen Interessen **unter die Ziele dieser Gemeinschaft**, die (gemäß Brechts marxistischem Weltbild) grundsätzlich und objektiv auch seine Interessen vertritt – auch wenn der subjektive Eindruck ein anderer ist – und sich dadurch von jedem bedingungslosen Gehorsam (Kadavergehorsam) unterscheide.

Gefühl und Ratio

→ Ein weiteres, damit verbundenes Thema Brechts ist die **Bevorzugung der Vernunft** vor dem Gefühl. Nach Brecht soll man dem rationalen Verstand der Gemeinschaft vertrauen und nicht dem Gefühl des Individuums. Dabei kann die Vernunft durchaus dem Gefühl grundsätzlich widersprechen und seine Ambitionen, wenn auch mit trauernder Haltung, sogar vernichten, um die Ziele der Gemeinschaft zu retten.

2.3 Angaben und Erläuterungen zu wesentlichen Werken

→ Ein drittes Thema Brechts sind schließlich die sozialen Ursachen für die ökonomischen Widersprüche. Frühzeitig dominiert dabei **Chicago**, damit die USA, als Ort der Handlung. Einmal ist dieses Chicago synonymisch zu sehen für einen hoch entwickelten Kapitalismus, andererseits ist es so weit von Deutschland entfernt, dass sich mit der Verwendung auch der V-Effekt (Verfremdungseffekt, vgl. S. 59 ff. dieser Erläuterung) einstellt: Zwar kennt der Zuschauer Produktionsvorgänge im kapitalistischen Wirtschaftssystem, aber in der vorgestellten Dimension, Verzahnung und territorialen Einbindung sind sie ihm fremd.

Ökonomische Widersprüche und ihre Ursachen

Daraus entstanden zwei dominierende Themen für *Die heilige Johanna der Schlachthöfe*: Einmal ist es die rücksichtslose **Börsenspekulation** in Verbindung mit der Produktionskonzentration, zweitens sind es die unzulänglichen Lösungsvorschläge der **Heilsarmee**, die weniger echte Lösungsangebote sind, sondern unwissentlich die Politik der Spekulanten unterstützen.

Es werden nur einige der zu dem Gesamtkomplex gehörenden Werke genannt:

Vorstufen und Fragmente

→ *Das kalte Chicago* (1921): Der Titel taucht in einer geplanten Stückreihe auf und findet sich 1922 nochmals wieder. Es wurde nicht ausgeführt.[8]

→ *Jae (Joe) Fleischhacker* (auch: *Weizen*, Fragment 1926) bietet eine Weizen-Spekulationshandlung in Chicago um Aufstieg und Sturz eines Finanzkönigs, die als Fleischspekulationshandlung in die *Heilige Johanna* übernommen wurde. Das Stück sollte „im großen Stil (spielen), und (…) innerhalb einer Reihe *Einzug der Menschheit in die großen Städte* den aufsteigenden Kapitalis-

Nachgeholte Marx-Lektüre

---

8 Vgl. Brecht: *Tagebücher*, S. 166.

2.3 Angaben und Erläuterungen zu wesentlichen Werken

DIE BEZIEHUNGEN DER ZENTRALEN KRÄFTE DER *HEILIGEN JOHANNA DER SCHLACHTHÖFE*

Zwei Seiten einer Medaille

Börsenspekulation	Heilsarmee
⚜ Ware ist heilig	⚜ Glaube ist heilig
⚜ Geld ist heilig	⚜ Geld ist überflüssig (scheinbar)
⚜ Zwang zur Geldvermehrung und zum Reichtum	⚜ Zwang zur Entbehrung und Armut
⚜ Ziel ist irdischer Reichtum	⚜ Ziel ist jenseitiger Reichtum (Paradies)
⚜ Arbeit gilt dem Geschäft	⚜ Arbeit gilt dem Gottvertrauen
⚜ mit Geld wird alles geregelt	⚜ mit dem Glauben wird alles geregelt
⚜ ist angewiesen auf die Agitation der Heilsarmee	⚜ ist angewiesen auf die Brosamen der Börse
⚜ Herrschaft der Berechnung	⚜ Herrschaft des Gefühlsdusels
⚜ kommen ohne Gott aus	⚜ Gott soll Fuß fassen in den „Quartieren des Elends" (S. 84)
⚜ Gewalt wird genutzt	⚜ Gewaltlosigkeit wird verkündet

---

mus zeigen"[9]; es wurde zu „einer Art Betriebsunfall"[10]. Brecht scheiterte an seiner damals noch zu geringen Kenntnis der ökonomischen Vorgänge. Er begann mit dem systematischen Studium des Marxismus und besonders der marxistischen Akkumulationstheorie in der *Marxistischen Arbeiterschule* (MASCH).: „Das geplante Drama wurde nicht geschrieben. Stattdessen begann ich Marx zu lesen, und da, jetzt erst, las ich Marx."[11]

---

9 Elisabeth Hauptmann: *Das Tagebuch von 1926.* In: Kebir: Ich frage nicht nach meinem Anteil, S. 61.
10 Brecht: *Tagebücher*, S. 205.
11 Ebd., S. 206.

2.3   Angaben und Erläuterungen zu wesentlichen Werken

→ *Der Hamlet der Weizenbörse* (etwa 1926): Im Anschluss an das geplante Stück von *Jae Fleischhacker* entstand das Fragment eines Filmtextes, in dem erneut die Geschichte eines Jay (!) Fleischhackers in Chicago von 1907 bis 1910 erzählt wird. Sie wird als „eine Tragödie des Zauderns"[12] vorgestellt, als eine moderne *Hamlet*-Version, und entspricht in ihrem Ablauf, bis zum Abbruch des Fragments, dem Handlungsverlauf der *Heiligen Johanna der Schlachthöfe*.

„Eine Tragödie des Zauderns"

→ *Das Paket des lieben Gottes. Eine Weihnachtsgeschichte* (1926): Die Geschichte gehört in den Chicago-Fleischhacker-Komplex. Weihnachten 1908, eine Reihe großer Fleischpackereien ist geschlossen worden und die Arbeitslosigkeit groß, versammeln sich die Armen in einer Kneipe im Schlachthofviertel und feiern Weihnachten.

→ *Dreigroschenoper* (1928): Beziehungen zur *Heiligen Johanna* bestehen durch die Figurenensembles: Geschäftsleute und Gangster. Der Unterschied ist: In der *Heiligen Johanna* geht es nicht mehr um Randgestalten wie Bettler, sondern um Kerngeschäfte des Kapitalismus. Bezüge im Einzelnen sind vorhanden: Im ersten *Dreigroschenoper*-Finale heißt es „Ein guter Mensch sein! Ja, wer wär's nicht gern? / Sein Gut den Armen geben, warum nicht? (...) Doch die Verhältnisse, sie sind nicht so!"[13] Über diese Erkenntnis gelangt keine der Personen in der *Dreigroschenoper* hinaus, Johanna dagegen erkennt am Ende ihres Lebens: „Sorgt doch, daß ihr die Welt verlassend / Nicht nur gut wart, sondern verlaßt / Eine gute Welt." (S. 142 f.)

Noch begrenzte Erkenntnis der Figuren

→ *Der Brotladen* (1929): Der Schauplatz ist hier Berlin, aber es geht ebenfalls um Wirtschaftskrise, Heilsarmee und Arbeitslosigkeit.

---

12   Brecht: *Texte für Filme*, Bd. II, S. 54.
13   Brecht: *Stücke*, Bd. III, S. 60.

2.3 Angaben und Erläuterungen zu wesentlichen Werken

→ *Happy End* (1929) von Dorothy Lane, d. i. Elisabeth Hauptmann, die das Stück schrieb, von Brecht durch Songs unterstützt. Es geht um das Gangstermilieu und den Einsatz der Heilsarmee in Chicago, aber noch nicht unter dem Aspekt der sozialökonomischen Analyse, sondern als Parodie des Verbrechertums. In dem ursprünglichen Vorspruch zur *Heiligen Johanna* wird auf Elisabeth Hauptmann als Verfasserin hingewiesen (s. S. 108 dieser Erläuterung). Das Stück wurde am 31. August 1929 in Berlin uraufgeführt.

Zur Belehrung der Aufführenden

→ *Die Maßnahme* (1930, 1. und 2. Fassung): Das Lehrstück gehört zu den schwierigsten und umstrittensten Texten Brechts; es erlebte fünf Fassungen und zahlreiche Entwürfe, die den Dichter bis 1955, kurz vor seinem Lebensende, beschäftigten. 1956 hat Brecht eine Aufführung in Schweden abgelehnt – oft als Verbot denunziert –, weil das Stück nicht „für Zuschauer geschrieben worden (sei), sondern für die Belehrung der Aufführenden"[14], das war eine Absicht der Lehrstücke. Brecht war 1930 „bereit, auf das den Bürgern höchste Gut zu verzichten und den Verzicht zu propagieren: auf die autonome Individualität (bzw. auf ihre Illusion, denn in Wirklichkeit war sie längst beseitigt)."[15] Als der Theaterregisseur Manfred Wekwerth[16] Brecht kurz vor seinem Tode nach einem Stück fragte, das er für die Form eines Theaters der Zukunft halte, nannte der *Die Maßnahme*.[17] Ohne die Diskussion an dieser Stelle führen zu können, muss darauf hingewiesen werden, dass dieses Lehrstück konzentriert die Herrschaft der Vernunft der Gemeinschaft gegenüber dem Gefühl des Individuums behandelt, wobei das Individuum

---

14 Brecht: *Briefe*, Bd. 1, S. 734 (Brief an Paul Patera, 21. 4. 1956).
15 Knopf: *Brecht-Handbuch* (1986), Bd. 1 (Theater), S. 105.
16 Wekwerth leitete von 1977 bis 1991 in der DDR das *Berliner Ensemble*.
17 Wekwerth: *Schriften*, S. 78.

2.3 Angaben und Erläuterungen zu wesentlichen Werken

VON DEN VORSTUFEN UND FRAGMENTEN BIS ZUM *ARTURO UI*

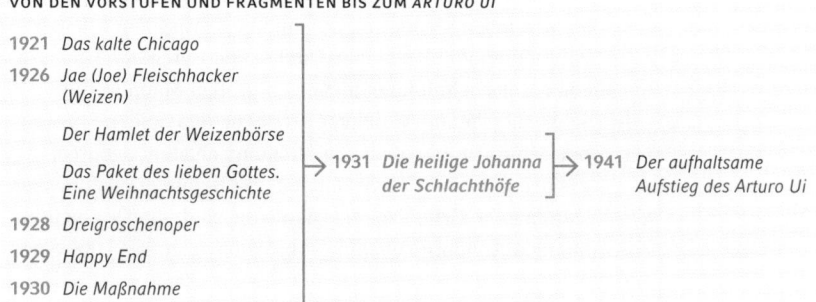

1921 *Das kalte Chicago*

1926 *Jae (Joe) Fleischhacker (Weizen)*

Der Hamlet der Weizenbörse

Das Paket des lieben Gottes. Eine Weihnachtsgeschichte

1928 *Dreigroschenoper*

1929 *Happy End*

1930 *Die Maßnahme*

→ 1931 *Die heilige Johanna der Schlachthöfe*

↳ 1941 *Der aufhaltsame Aufstieg des Arturo Ui*

moralisch richtig, aber sozial falsch entscheiden kann: Ein
junger Genosse fühlt sich als Revolutionär, hat aber nicht
die Disziplin, sein Gefühl der Notwendigkeit der Vernunft
unterzuordnen und wird dadurch, ohne es zu wollen, zu einer
Gefahr für die revolutionäre Bewegung. Deshalb wird er von
vier kommunistischen Agitatoren erschossen. Es ist der auch
in der *Heiligen Johanna* vorhandene Gegensatz von Gefühl und
Verstand, aus dem sich Johanna schließlich, wenn auch zu spät
für die Bewegung, löst.

Vernunft der Gemeinschaft, Gefühl des Einzelnen

→ *Die heilige Johanna der Schlachthöfe* (1931) ist ein Nachfolge-
  Stück der *Dreigroschenoper* und ein Vorläufer des *Arturo Ui*.

→ *Der aufhaltsame Aufstieg des Arturo Ui* (1941; UA 1958): Hannah
  Arendt hat auf die Ähnlichkeiten zwischen der *Dreigroschenoper* und dem *Arturo Ui* hingewiesen, was jedoch ebenso auf
  Die heilige Johanna der Schlachthöfe zutrifft: „Das Stück selbst
  wiederholt das Thema aus der *Dreigroschenoper* – Geschäftsleute und Gangster werden gleichgesetzt"[18]. Sie beschreibt

---

18 Hannah Arendt: *Walter Benjamin, Bertolt Brecht*. Zwei Essays. München: Piper, 1971, S. 104.

2.3 Angaben und Erläuterungen zu wesentlichen Werken

auch die Unterschiede und beruft sich auf Brecht, denn mit Hitler trete jene Figur auf, der durch das Misslingen seiner Unternehmungen nicht zum Dummkopf, durch den Umfang seiner Unternehmungen nicht zum großen Mann werde.

→ Die entscheidende Beziehung zwischen den beiden Stücken über Arturo Ui und die heilige Johanna entsteht dadurch, dass ökonomische Entwicklungen und Bedingungen die alles bestimmende Grundlage für die Politik sind, die also nicht unabhängig, sondern abhängig vom Wohlwollen der Lobbyisten ist.

3. TEXTANALYSE UND -INTERPRETATION

3.1 Entstehung und Quellen

**ZUSAMMEN-
FASSUNG**

Das Stück ging aus verschiedenen früheren Stücken und Fragmenten der 1920er hervor, die sich mit wirtschaftlichen Vorgängen, besonders der Fleischproduktion in Chicago, mit ent-
sprechenden Lösungsversuchen durch Wohltätigkeitsorga-
nisationen wie der Heilsarmee, aber auch mit Arbeitslosen,
Börsenspekulanten, Philanthropen und Lösungen von Widersprüchen beschäftigten.

Frühe Versuche, Themenschwerpunkte, Studien, Quellen

Das Stück *Die heilige Johanna der Schlachthöfe* gehört zu Brechts
überragenden Stücken. Es ist aus früheren Versuchen Brechts und
seiner Mitarbeiter, besonders Elisabeth Hauptmanns, herausge-
wachsen, die seit 1926 entstanden und teilweise Fragment blieben.
Durch diese Fragmente verfügten Brecht und seine Mitarbeiter über
szenische Entwürfe, auf die sie zurückgreifen konnten. Die Stücke
bzw. Stückfragmente setzten Brechts Bemühungen fort, die ihn in-
teressierenden Probleme **internationalen Schauplätzen** zuzuord-
nen. *Mann ist Mann* (1926) spielt in Indien, die *Dreigroschenoper*
(1928) in London; daneben galt Brechts Aufmerksamkeit den USA
und dort besonders Chicago, wo in den 1920ern, in der Ära der Pro-
hibition, Gangsterbosse wie Al Capone herrschten. In den Stücken
des frühen Brecht wurde Chicago ein oft verwendeter Ort, so auch
in *Im Dickicht der Städte* (1921–1924) mit dem Untertitel *Der Kampf
zweier Männer in der Riesenstadt Chicago*. Das Thema „Fleisch", mit
Chicago aufgrund der dort beheimateten Fleischindustrie der USA

Erste Versuche
seit 1926

Chicago im Werk
Brechts

Das Thema
„Fleisch" bei
Brecht

3.1 Entstehung und Quellen

verbunden, wurde auch zum vielseitig verwendeten Symbol, erinnert sei die „Fleischauktion" und das „Fleischgewächs"[19] in *Trommeln in der Nacht* (1919) und die „Fleischerbank"[20] in *Im Dickicht der Städte*.[21] Den Menschen als einen Haufen Fleisch zu betrachten, gehörte ebenfalls zum jungen Brecht: „Was mir Mensch ist, verschlingen Sie als einen Haufen Fleisch", sagt Garga zu Shlink in *Im Dickicht der Städte*[22], und Kragler in *Trommeln in der Nacht* bezeichnet sich als „ein Stück Fleisch"[23].

Ein früher Hinweis auf das Thema findet sich in einer Theaterkritik Brechts vom 15. April 1920 über die Aufführung von **Schillers** *Don Carlos* **in Augsburg**. Brecht gesteht, Schillers Stück „geliebt" zu haben, aber seit der Lektüre von Sinclairs *Sumpf* könne er „Carlos' Knechtschaft" nicht mehr recht ernst nehmen:

Fragwürdig gewordener Idealismus

„(...) in diesen Tagen lese ich in Sinclairs *Sumpf* die Geschichte eines Arbeiters, der in den Schlachthöfen Chicagos zu Tod gehungert wird. Es handelt sich um einfachen Hunger, Kälte, Krankheit, die einen Mann unterkriegen, so sicher, als ob sie von Gott eingesetzt seien. Dieser Mann hat einmal eine kleine Vision von Freiheit, wird dann mit Gummiknüppeln niedergeschlagen."[24]

Einfluss Upton Sinclairs

Zum ersten Mal wurden von Brecht Schiller und Chicago, bürgerliche deutsche Klassik und Ausbeutung des Proletariers gegenübergestellt. Ebenfalls zum ersten Mal kam es zur deutlichen Kritik an

---

19 Brecht: *Stücke*, Bd. I, S. 170, 138.
20 Brecht: *Stücke*, Bd. I, S. 265.
21 Vgl. Hans Kaufmann: *Krisen und Wandlungen der deutschen Literatur von Wedekind bis Feuchtwanger. Fünfzehn Vorlesungen.* Berlin und Weimar: Aufbau-Verlag, 1966, S. 393.
22 Brecht: *Stücke*, Bd. I, S. 265.
23 Brecht: *Stücke*, Bd. I, S. 161.
24 Brecht: *Schriften zum Theater*, Bd. 1, S. 16.

3.1 Entstehung und Quellen

Schillers Idealismus, mit dem sich Brecht nie richtig ins Einverneh-
men setzen konnte. Zu sehr war Schillers Kantianismus von Brechts
Orientierung an der Hegel'schen Dialektik entfernt. Doch gehört zu
den verwendeten Quellen Upton Sinclairs Roman *Der Sumpf* (*The
Jungle*, 1906). Die schreckliche Geschichte, wie ein Mann zu Blattspeck verarbeitet wird (vgl. S. 33 f.), geht auf ihn zurück, Sinclair
beschrieb die Verhältnisse in den Schlachthäusern Chicagos de-
tailliert. Auch der Sturz der Tiere durch die Stockwerke, wobei sie
in ihre Einzelteile zerlegt werden, bei Brecht von Cridle beschrieben (vgl. S. 23 f.), findet sich bei Upton Sinclair. Es waren natura-
listische Beschreibungen Sinclairs und schreckliche Episoden, die
Brecht übernehmen konnte. Die ökonomischen Hintergründe und
Ursachen dafür blieben bei Sinclair allerdings unberücksichtigt.

Brecht erarbeitete erst spät die Beziehung zu Friedrich Schillers — Schillers *Jungfrau*
Die Jungfrau von Orleans; die Grundstrukturen des Stückes waren zu
diesem Zeitpunkt der Entstehung bereits vorhanden. Gleichzeitig
griff er auf Werke der klassischen deutschen Literatur und auf europäische Traditionen, wie die Shakespeares, zurück; Strukturen,
Zitate und Dialoge belegen das. Im Vorspruch zur Erstveröffentli-
chung machte Brecht auf „einige klassische Vorbilder und Stilelemente" aufmerksam (s. S. 108 dieser Erläuterung).

Brecht war zudem von Myers *Geschichte der großen amerikani-* — Myers
schen Vermögen angetan, die er 1926 zu den besten Büchern des *Geschichte*
Jahres zählte[25]; darin stieß er auf *der großen*
amerikanischen
Vermögen

„solche Ur-Typen der modernen Kapitalisten wie Dan Drew und
den Kommodore Vanderbildt, jene ‚Pioniere' des Monopolkapi-
tals aus dem neunzehnten Jahrhundert, die durch so sagenhaft

---

25   Vgl. Fradkin, S. 89.

3.1 Entstehung und Quellen

primitive Tricks wie die Fälschung von Aktien oder das Dropping von Viehherden durch Salzwasser Milliardensummen ergaunerten."[26]

Marx-Studien

Die Schriften von Marx wurden systematischer als bisher durchgearbeitet. Brechts Erkenntnis war, dass die ursprünglichen Väter des Kapitals wie Rockefeller sich nicht prinzipiell von den Gangstern wie Al Capone unterschieden.

Recherchen in der gesellschaftlichen Realität

Um am Stück arbeiten zu können, besuchte Brecht die **Börsen in Berlin und Wien**, um Spekulationen verstehen zu können, sowie – gemeinsam mit Elisabeth Hauptmann – Niederlassungen der Heilsarmee, die 1925 ihren 60. Jahrestag hatte. Das wurden die hauptsächlichen Themen des Stückes. Auch benutzte Brecht Paul Wieglers *Figuren* (Leipzig 1916), in der es ein Kapitel über die „**Propheten" der Heilsarmee** gab, die sich als korrumpierbar erwiesen, und ein Kapitel über Jeanne d'Arc. Außerdem wurde von Brecht eine umfangreiche Literatur im Kontext des Stückes rezipiert, die jedoch von geringerer Bedeutung dafür war.

Entstehung

Brechts Mitarbeiter

Als Plan erschienen *Johanna* und ein Stück *Das kalte Chikago* bereits im Dezember 1922 in Brechts Tagebuch (GBFA 26, S. 262), geschrieben wurde das Stück aber erst 1929/31. Die Fakten zur Entstehungsgeschichte sind „denkbar dürftig"[27]. Daran mitgearbeitet haben der Schriftsteller und Lehrer Hermann Borchardt (1888–1951)[28],

---

26 Schumacher: *Die dramatischen Versuche*, S. 441.
27 Brecht: *Bühnenfassung*, S. 211.
28 Borchardt ging in die Sowjetunion ins Exil, kehrte aber zurück, weil er nicht die sowjetische Staatsbürgerschaft annehmen wollte. Nach Aufenthalten in KZs ging er 1937 mit Unterstützung von George Grosz ins Exil in die USA. Seine Werke sind teilweise verschollen. Brecht verteidigte Borchardt 1943 gegen Angriffe von Emigranten, die ihn als reaktionär bezeichneten. Vgl. Brecht: *Arbeitsjournal*, S. 350.

3.1 Entstehung und Quellen

der Regisseur und Drehbuchautor Emil Burri (1902–1966)[29] und –
mit umfangreichen Anteilen (s. S. 108 dieser Erläuterung) – Elisabeth Hauptmann (1897–1973), die auch in Gesprächen Aufschlüsse
zur Entstehung gegeben hat.[30] Sie hatte bereits 1928 eine Kurzge-
schichte *Bessie Soundso. Eine Geschichte von der Heilsarmee* in der
Zeitschrift UHU veröffentlicht, in der sie den Typ der Johanna auf
amerikanischem Boden und die Heilsarmee beschrieb.

1930 traf sich Brecht mit seinen Mitarbeitern Burri und Hauptmann zuerst an der Riviera, dann am Ammersee, in der Villa Mendel
in Unterschondorf, um gemeinsam an dem Stück zu arbeiten, das
am 2. August 1930 in der *Berliner Zeitung* in einer konzentrierten
Beschreibung angekündigt worden war. Dabei wurde auf den Fall
der Jungfrau von Orleans, aber auch auf George Bernard Shaws
Die heilige Johanna (1923) hingewiesen, die in modernem Milieu
wiederholt werde. Auch Shaws *Major Barbara* (1905) mit der Beschreibung einer enttäuschten Heilsarmistin war für Brecht und
seine Mitarbeiter anregend; Shaws Stück wurde von einer Londo-
ner Tageszeitung „als geschmacklose Gotteslästerung bedauert"[31].
Shaw hatte mit seinem Stück auch das Thema vorgegeben, „dass Armut nicht gesegnet, sondern eine höchst verdammenswerte Sünde
sei"[32]. Brecht wollte diese Ansicht widerlegen und polemisierte gegen Shaw, der glaubte, durch Reformen die soziale Struktur der
Gesellschaft verändern zu können.

Shaws *Die heilige Johanna*

---

29 Burri blieb nach 1933 in Deutschland und wurde ein erfolgreicher Drehbuchautor für UFA-Filme;
den scheinbar unpolitischen Unterhaltungsfilmen blieb er auch nach 1945 verpflichtet. Er arbei-
tete 1951 erneut mit Brecht zu dessen großer Zufriedenheit an dem *Couragefilm* zusammen. Vgl.
Brecht: *Arbeitsjournal*, S. 492, 496.
30 Brecht: *Bühnenfassung*, S. 211.
31 Georg Bernard Shaw: *Die Heilsarmee*. In: ders.: Erste Hilfe für Kritiker. Essays. Leipzig und Weimar: Gustav Kiepenheuer Verlag, 1985 (Gustav Kiepenheuer Bücherei 49), S. 238.
32 Georg Bernard Shaw: *Barbaras Rückkehr zur Fahne*. In: ders.: Erste Hilfe für Kritiker. Essays.
Leipzig und Weimar: Gustav Kiepenheuer Verlag, 1985 (Gustav Kiepenheuer Bücherei 49),
S. 241.

3.1 Entstehung und Quellen

Brechts Rückblick von 1935

Brecht hat seine *Heilige Johanna* für die **Schauspielerin Carola Neher**, nicht verwandt mit Caspar Neher, geschrieben.[33]

1935 blickte Brecht auf die Entstehung des Gesamtkomplexes zurück, dessen Hauptwerk *Die heilige Johanna der Schlachthöfe* wurde:

> „Als ich vor Jahren bei dem Studium der Vorgänge auf der Weizenbörse Chikagos / Plötzlich begriff, wie sie dort das Getreide der Welt verwalteten / Und es zugleich auch nicht begriff, und das Buch senkte, / Wußte ich gleich: du bist / In eine böse Sache geraten. // (…) Diese, sah ich, lebten vom Schaden / Den sie zufügten, anstatt vom Nutzen. / Dies war ein Zustand, sah ich, der nur durch Verbrechen / Aufrecht zu halten war, weil zu schlecht für die meisten. / So muß auch jede / Leistung der Vernunft, Erfindung oder Entdeckung / Nur zu noch größerem Elend führen / Solches und ähnliches dacht ich in diesem Augenblick / Fern von Zorn oder Jammer, als ich das Buch senkte / Mit der Beschreibung des Weizenmarkts und der Börse Chikagos, // Viel Mühe und Unrast / Erwartete mich." (GBFA 14, S. 296)

Brechts Plädoyer für Gewalt

Das Gedicht erinnert an den Beginn des Chicago-Komplexes mit *Joe Fleischhacker*, der mit *Die heilige Johanna der Schlachthöfe* seinen Höhepunkt fand. Aus der Weizen-Börse war die Fleisch-Börse geworden. Das Stück, das verschiedene frühere Stücke und Fragmente zusammenfasste, brachte eine neue Qualität des Brecht'schen Schaffens. Dazu gehörte Johannas Absage an Reformen und ihre Erkenntnis, mit Gewalt der Unterdrückten und Armen könne die

---

33 Peter Diezel: *Gestorben in Sol-Ilezk. Das bittere Ende der Carola Neher.* In: Sonntag, (Ost-)Berlin 1990, Nr. 9, S. 9.

3.1 Entstehung und Quellen

Macht der Unterdrücker bekämpft werden: „Es hilft nur Gewalt, wo Gewalt herrscht" (S. 146)

Die Nähe zu Shakespeare wird in den Szenen der Herrschenden deutlich, die wie in einem Historienstück Shakespeares agieren. Aber auch die Hauptgestalt Mauler, ursprünglich Jay Fleischhacker, schien ein Mann des Zauderns, wobei er zwischen Schlachten und Schonen der Tiere (S. 7 f.) zaudert, tatsächlich denkt er aber über Konkurrenzvernichtung nach. Brecht sah ihn als eine Hamlet-Figur, einzelne Zitate weisen darauf hin.

Einfluss Shakespeares

Die Fassung des *Berliner Ensembles* von 1968

Ausgangspunkt war, dass die bekannten Fassungen des Stückes (die Bühnenfassung von 1931 und die Fassung in den *Versuchen* 1932) Bearbeitungen waren, die Brecht entsprechend der aktuellen Gegebenheiten anfertigte. Vor allem hatte er die Handlung in die Zeit der Weltwirtschaftskrise gelegt und damit in eine Zeit, die schon die Oktoberrevolution von 1917 erlebt hatte. Damit war für Brecht der gewaltsame Umsturz als mögliche Lösung gesellschaftlicher Konflikte ins Blickfeld geraten.

Rückgriff auf Originalfassung

Die Originalfassung, auf die das *Berliner Ensemble* 1968 zurückgriff, spielte um 1900 und konzentrierte sich nachdrücklicher auf die Vorstellungen Maulers, der seinen eigenen Kapitalismus gestaltet. Dabei verfügt er über Arbeiter, die sich ihrer Arbeit völlig entfremdet haben, zwar um sie kämpfen, aber nicht begreifen, was mit ihnen geschieht und dass sie manipuliert werden. Das trifft auch für die Johanna dieser Fassung zu, die nicht Leutnant der *Schwarzen Strohhüte* ist, sondern gerade vom Lande neu in die Stadt kommt. Sie glaubt, durch ihre Propagierung von Menschlichkeit und Güte Mauler zu Veränderungen veranlasst zu haben, der tatsächlich aber spekulativ über die Arbeitsplätze verfügt. Sie wird zur *Lieben Frau auf den Schlachthöfen*. In dieser Fassung ist Johanna nicht die An-

3.1 Entstehung und Quellen

führerin, die sie in den Fassungen von 1931/32 wird. Das *Berliner Ensemble* wollte mit der Konzentration auf diese Fassung erreichen, „dass es heute [1968] die Warnung vor dem Ausmaß der Verschleierung ist, zu der der moderne Kapitalismus mit all seinen Mitteln der Massenkommunikation fähig ist"[34].

---

34 *Zur Fassung des Berliner Ensembles*. In: Programmheft: Bertolt Brecht: Die heilige Johanna der Schlachthöfe. Inszenierung des *Berliner Ensembles* 1968. S. 7 ff.

3.2 Inhaltsangabe

ZUSAMMEN-FASSUNG

Der Fleischkönig Mauler kann in Chicago mit Hilfe seiner Freunde an der Börse in New York während einer Krise den Fleischmarkt durch Spekulationen von den Viehzüchtern über die Makler bis zu den Fleischproduzenten so umgestalten, dass er alles in seiner Hand vereinigt. Dabei helfen ihm unwissentlich die *Schwarzen Strohhüte*. Johanna, deren Leutnant, will zwar den Armen und Arbeitslosen helfen, dringt auch bis zu Mauler vor, wird aber von diesem belehrt, die Schlechtigkeit der Armen sei an ihrer Lage schuld. Johanna verkennt die richtigen Mittel zunächst und arbeitet unabsichtlich Mauler in die Hände. Doch gelangt sie bei ihrem Weg zu den Arbeitslosen (den drei *Gängen in die Tiefe*) zur Erkenntnis, dass mit Güte, Gewaltlosigkeit, Gottvertrauen und Barmherzigkeit nichts zu verändern ist. Als sie den richtigen Weg einschlagen könnte, ist es zu spät, zumal sie einen entscheidenden Fehler begeht und bei der Organisation des Generalstreiks versagt, der dadurch scheitert. Sie stirbt mit der Erkenntnis, dass nur Gewalt wirklich verändern kann. Als sie das sterbend vorträgt, wird sie von den *Schwarzen Strohhüten*, den Packherren und den Fleischproduzenten mit Hosianna-Gesängen übertönt und – noch ehe ihre Ideen die Massen erreichen – als heilige Johanna der Schlachthöfe inthronisiert.

1.–4. Szene

Der Fleischfabrikant Mauler aus Chicago erfährt von Börsenfreunden aus New York, dass sich der Fleischmarkt verschlechtert und Schutzzölle den Absatz im Ausland verhindern. Eine Überproduk-

Maulers Plan

3.2 Inhaltsangabe

tionskrise im Inland drohe. Mit diesem Wissen kann er „die Hand vom Fleischhandel" (S. 7) lassen, den Konkurrenten schaden, die Kurse beeinflussen und seinen Anteil an seinen Partner Cridle verkaufen, zum Schein und angeblich aus Abscheu vor dem Töten der Ochsen, deren Fleisch sich in Wahrheit (Cridle spricht es aus, vgl. S. 25) aber bald nicht mehr verkaufen lässt. Cridle akzeptiert das

Vernichtung eines Konkurrenten

Geschäft, fordert aber, zuvor den Konkurrenten Lennox zu vernichten, was Mauler in Angriff nimmt. – Während die 70.000 Arbeiter von Lennox streiken, bricht dessen Konzern durch Maulers Einwirken („Drum eilig / Muß dieser Lennox fallen", S. 8) zusammen. Die

Die *Schwarzen Strohhüte*

Schwarzen Strohhüte, eine Organisation vergleichbar der Heilsarmee, verweisen „in finsterer Zeit blutiger Verwirrung" (S. 12) auf Gott, um „die rohe Gewalt des kurzsichtigen Volkes" (S. 12) zu besänftigen (*Johannas erster Gang in die Tiefe*). Sie verteilen dazu „ihr Traktätchen *Der Schlachtruf*" (S. 14), halten erbauliche Reden und geben Suppe aus. Johanna versucht zudem eifrig, den Arbeitern ihre Lage unter Einbeziehung von Bibelzitaten zu erklären und sie zu bekehren, statt auf irdisches Glück – das „Chaos" (S. 17) – auf das himmlische Paradies zu setzen. Doch die Arbeiter laufen weg, als es heißt, bei Mauler gäbe es Arbeit. Das Gerücht erweist sich als falsch, und es kommt zum „riesige(n) Strom" (S. 20) arbeitsloser Menschen. Angesichts dieser Situation und des mangelnden Erfolgs ihrer Mission machen sich die *Schwarzen Strohhüte* auf den

Johanna will wissen, wer schuld ist

Heimweg. Aber Johanna will wissen, „wer an all dem schuld ist" (S. 20), und macht sich, obwohl ihr die *Schwarzen Strohhüte* abraten, auf den Weg zu Mauler. Der verlangt gerade von Cridle, den Vertrag einzuhalten und ihm seine Anteile abzukaufen, nachdem Lennox besiegt ist. Aber die gute Zeit am Markt ist vorbei; Cridle droht

Johanna trifft Mauler

nun der Bankrott. Da trifft Johanna auf Mauler, und in einer Szene (S. 28), die einer Szene aus Schillers *Jungfrau von Orleans* (1. Aufzug, 10. Auftritt) nachgebildet wurde, erkennt sie den Fleischkönig,

3.2 Inhaltsangabe

der sich zuerst verleugnet und Slift statt seiner vorschickt. Mauler
begründet das Schließen der Schlachthöfe mit dem Geschäft, das
„blutig" (S. 30) ist, und philosophiert über die Schlechtigkeit der
armen Leute, weshalb er mit ihnen kein Mitleid habe. Mit seinem
Makler Slift schickt er Johanna zu den armen Leuten, damit sie deren Schlechtigkeit kennenlernt (*Johannas zweiter Gang in die Tiefe*).
Auf dem Weg durch die Schlachthöfe trifft Johanna auf Menschen,
die ihre Moral längst für kümmerlichsten Lebenserhalt aufgegeben
haben: eine Frau, die die Nachforschungen nach ihrem in den Sudkessel gestürzten Mann aufgibt, als ihr Mittagessen versprochen
wird; einen Arbeiter, der für einen kleinen Posten seinen gefährli-
chen Arbeitsplatz, an dem er eine Hand verloren hat, anderen als
„angenehm" (S. 39) empfiehlt. Doch der Gang bewirkt das Gegenteil: Johanna erkennt den wirklichen Grund für die Schlechtigkeit,
„der Armen Armut" (S. 42). Sie will die Argumentation Maulers
und Slifts widerlegen, denn die „Verkommenheit, (sei ein) voreili-
ges Gerücht!" (S. 42)

> Johanna soll die
> Schlechtigkeit der
> Armen sehen

5.–8. Szene

An der Börse herrscht inzwischen Panik; die Packherren wollen
Büchsenfleisch, Blattspeck und Ochsenlenden verkaufen, aber die
Aufkäufer hat „eine Pleite" (S. 43) ereilt; ihre Lager sind voll, aber
sie können nicht bezahlen, obwohl die Produkte durch „die gewal-
tigen Fortschritte der Technik" (S. 43) preiswert geworden sind.
Scheinbar wie ein Strafgericht Gottes kommt der Zusammenbruch
des Marktes über sie, angelehnt an die Beschreibung von Christi
Tod am Kreuze, „und ein Schweigen ward über den Bergesgipfeln"
(S. 43). Aktien werden von Cridle verschleudert, weil er Maulers
Anteile bezahlen muss, wie der Vertrag es vorsieht. In diesem Unter-
gangsszenario versuchen die *Schwarzen Strohhüte* unter Johannas
Führung eine moralische Ordnung zur Hilfe für vom Untergang

> Der Markt bricht
> zusammen

3.2   Inhaltsangabe

Johanna predigt das Wort Gottes – Katharina Marie Schubert als Johanna in einer Inszenierung am Deutschen Theater Berlin 2009 © ullstein bild – Lieberenz

bedrohte Menschen zu schaffen. Johanna analysiert den Wirtschaftskreislauf und kommt zu ersten Einsichten, wie mit dem Zurückhalten der Ochsen die Preise in die Höhe getrieben werden und auch, dass die Schlechtigkeit der Armen aus der „Armen Armut" entsteht (S. 54). Die Packherren weisen ihre Analysen aber zurück, denn „gegen Krisen kann keiner was! / Unverrückbar über uns / Stehen die Gesetze der Wirtschaft, unbekannte. / Wiederkehren in furchtbaren Zyklen / Katastrophen der Natur!" (S. 52) Johanna hält dagegen, dass die Arbeiter, wenn sie keinen Lohn erhalten, keine „Kaufkraft" (S. 53) haben und deshalb keine Fleischbüchsen kaufen

3.2 Inhaltsangabe

können. Daraus entstehe der Kampf um ein „Stückchen Schinken aufs Brot" (S. 52), die Unmoral und „damit die Revolution" (S. 52). Mauler zeigt sich scheinbar erschüttert von dieser Logik, kauft alle Fleischbüchsen auf und noch die in den nächsten acht Wochen produzierten dazu. Auf den ersten Blick hat er den Fleischmarkt gerettet und den Arbeitern wieder Arbeit gegeben. – Mauler erklärt Slift den Hintergrund seines Kaufes; es war die Angst vor einer Revolution der Armen. Doch der wirkliche Grund ist ein anderer: Seine Börsenfreunde aus New York haben inzwischen geschrieben, er solle Fleisch kaufen. So erweisen sich die vorgetragenen Gründe, die „wahre Ansicht" (S. 59), als Lügen, die scheinbare Menschenfreundlichkeit als eiskalte Berechnung, die noch vernichtender dadurch wird, dass sie eine weitere „Untat" (S. 63) verlangt, um aus zwei falschen Entscheidungen eine richtige im Sinne Maulers werden zu lassen: Nach den Fleischhändlern müssen die Viehhändler vernichtet werden, um den Produktionsprozess zu monopolisieren, Arbeiter entlassen und die Löhne senken zu können. Dazu soll Mauler, so empfehlen seine Börsenfreunde, alles Fleisch aufkaufen. Mauler entscheidet sich entsprechend. Für Johanna und die Viehzüchter, die Johanna um Hilfe für sich gebeten haben, sieht es aus, als wolle Mauler „den Viehhandel rette(n)" (S. 66). – Die *Schwarzen Strohhüte* unter der Führung ihres Majors Paulus Snyder geben sich als Verbündete der Fleischfabrikanten und Viehzüchter zu erkennen: Sie wollen den „Hauptschlag (…) führen gegen den Unglauben und den Materialismus der Stadt Chicago, vor allem gegen die untersten Schichten" (S. 68). Doch wird den Armen bewusst, dass es „ohne Gewalt" (S. 69) keine Arbeit geben kann; es droht eine Enteignung der Fabriken, „wie die Bolschewiken (es) machen" (S. 70). Johanna geht diesen Schritt mit und erkennt, dass man den Armen nur helfen kann, wenn man sie von den Packherren befreit, ja sogar, dass man die Packherren „einfach erschlagen

Maulers „Rettung" des Fleischmarkts

Die scheinbar gute Tat als eiskalte Berechnung

Auf dem Weg zum Monopol

Die Armen wollen den Umsturz

3.2   Inhaltsangabe

Johanna muss die *Strohhüte* verlassen

muß" (S. 74). Snyder will dagegen, um sich den Packherren genehm zu machen, die Krise als Unglück erklären, das „wie der Regen" (S. 70) kommt. Als Johanna die Packherren aus dem Tempel – dem Haus der *Schwarzen Strohhüte* – jagt, weil die Schlachthöfe immer noch nicht wieder arbeiten, wodurch auch deren Spenden (Mieten) an die Organisation verloren gehen, wird sie von Snyder aus der Organisation geworfen und muss ihre Uniform abgeben. – Mauler setzt seine Spekulation durch, den Fleischmarkt zu beherrschen; die Aufkäufer sollen an der Börse nach Vieh fragen, aber das befindet sich inzwischen gänzlich in Maulers Hand. Die Fleischfabrikanten müssen es deshalb teuer von ihm kaufen. Der gleiche Mauler lobt

Johanna bei Mauler

Johanna für die Vertreibung der Packherren aus dem Tempel, in dem Leute wie er „nicht möglich sind" (S. 79). Was er einerseits lobt, hindert ihn andererseits nicht, den anderen Fleischfabrikanten „diesmal die Haut endgültig" (S. 79) abzuziehen. Johanna, obwohl sie nicht mehr bei den *Strohhüten* ist, bittet Mauler, den *Strohhüten* zu helfen, damit sie ihre Miete bezahlen können. Mauler ist bereit, verlangt aber, dass sie und die *Strohhüte* seine Spekulationen unterstützen. Als Johanna erfährt, dass immer noch 50.000 Arbeiter „auf Arbeit warten" (S. 82), lehnt sie Maulers Geld ebenso ab wie die Unterstützung für seine Spekulationen und geht zu „den Wartenden auf die Schlachthöfe" (S. 85). Wenn Mauler sie sehen wolle, müsse er sie dort suchen.

9. Szene

Vision der Revolution

Die Szene hat zehn Unterszenen (a–k), die zwischen den Orten der Armen in den Schlachthöfen und der Viehbörse wechseln. Die letzten Szenen (9g–k) spielen nur auf den Schlachthöfen. – Johanna erzählt einen Traum, in dem sie an der Spitze einer Menschenmenge, bestehend aus Arbeitern, revolutionär gegen Chicago zieht und alles „von Grund auf ändernd" (S. 88). Es ist die Vision einer Revo-

3.2 Inhaltsangabe

lution.[35] Sie soll, Johanna wird sich eingliedern, in die Wirklichkeit
umgesetzt werden. – Mauler erfährt, dass die Zollgesetze gefallen
sind und der Fleischhandel großen Auftrieb erhalten wird, aber für
die Packherren gibt es kein Fleisch zu kaufen und für die Viehzüchter kein Fleisch zu verkaufen, denn beides hat Mauler bereits
aufgekauft und kann deshalb die Preise bestimmen. – Die *Schwarzen
Strohhüte* finden keine Zustimmung mehr, dafür erfährt Johanna,
dass die Kommunisten zu Taten bereit sind. Während Mauler seine
Konkurrenten endgültig besiegt, geht sie zu den Kommunisten. Sie
erfährt, dass nur „die Anwendung von Gewalt" (S. 96) den Arbeitern
helfen kann und deshalb die städtischen Großbetriebe einen Generalstreik planen. Johanna übernimmt, da sie unverdächtig erscheint,
die Übermittlung eines Briefes der Streikleitung. Mauler lässt sie
durch Detektive suchen, diese finden sie nicht, dafür Menschen-
massen und „starke Unruhe" (S. 101), die Empörung der untersten
Schichten wächst bedrohlich an. Johanna erfährt durch die Presse,
dass ihr Vertrauen auf Gott die öffentliche Meinung auf ihre Seite
geführt und den *Schwarzen Strohhüten* Anerkennung gebracht hat.
Sie hat dergleichen aber gar nicht gesagt und ist völlig anderer Meinung, denn „die oben / Sitzen oben nur, weil jene unten sitzen / Und
nur solang jene unten sitzen" (S. 106). Sie hat inzwischen Einblicke
in die gesellschaftliche Struktur erworben, aber den Belastungen
„Nichtessen, Nichtschlafen, Nichtausnocheinwissen" (S. 108) hält
sie nicht stand, zumal sie immer noch der „Güte" (S. 109) Maulers
vertraut, seine Machenschaften nicht durchschaut, die dem Erhalt
des kapitalistischen Systems dienen. Sie schreckt deshalb vor der
Gewalt zurück. Die aber wird von den Fleischproduzenten einge-

Johanna bei den
Kommunisten

Johanna soll
einen Brief der
Streikleitung
übermitteln

---

35 Die Szene hat Brecht aus dem Drehbuch *Die Beule* für den *Dreigroschenfilm*, den Traum des Po-
    lizeipräsidenten Brown, dass „unter der Brücke plötzlich riesige Massen Elender hervorquellen,
    die sich über die ganze Stadt ergießen, so dass die Polizei, das Militär, alle Macht auf Erden
    gegen sie machtlos sind" (Schumacher: *Die dramatischen Versuche*, S. 458).

3.2 Inhaltsangabe

setzt. Die Polizei räumt mit Waffengewalt die Schlachthöfe. Trotzdem wird Johanna den ihr übertragenen Brief nicht übermitteln, weil wieder alles in Ordnung zu sein scheint und sie immer noch gegen Gewalt ist. Die drei Arbeiter, denen sie den Brief der Streikleitung geben soll, suchen sie daher vergeblich. Dadurch scheitert der Generalstreik. Aber auch Mauler scheint am Ende, weil sein Vieh nicht mehr gekauft wird, nachdem Slift es hemmungslos spekulierend zu teuer verkaufen wollte (S. 103) und dadurch die Packherren in den Ruin getrieben hat, und nun, da es wieder billiger wird, sind die Packherren zahlungsunfähig und Mauler am Rande der Armut. Johanna wird mit ihrem Versagen konfrontiert und beschließt: „Ich muß umkehren!" (S. 118)

Johanna übermittelt den Brief nicht

Der Generalstreik scheitert, aber Mauler auch

10.–12. Szene

Da die *Schwarzen Strohhüte* ihre Miete für ihr Vereinshaus nicht bezahlen können, wird ihnen gekündigt. Sie hoffen auf Mauler, der die Miete bezahlen wollte. Dieser kommt als einer von „drei Armen" (S. 120) und ist inzwischen selbst mittellos. Er klagt sich schlimmer Verbrechen an, die wie Einsicht in die Regularien des Kapitalismus erscheinen („Ausbeutung / Mißbrauchs der Gewalt, Enteignung aller / Im Namen des Eigentums", S. 122), und gibt sich „Schuldlos nicht, aber bereuend." (S. 122), um nicht die Schuld an der misslungenen Spekulation tragen zu müssen. Als er aus dem Haus der *Schwarzen Strohhüte* vertrieben werden soll, stellen ihn Packherren und Viehzüchter zur Rede, die von der Schlacht an der Viehbörse kommen, wo die Börse inzwischen zusammengebrochen ist, weil Slift sie überheizt hatte. – In diesem Moment verändert ein Brief von der Wallstreet wiederum alles, Mauler wird darin geraten, Verträge zu schließen und „das Vieh in seiner Anzahl zu beschränken" (S. 129). Gedrängt von den Packherren und Viehzüchtern übernimmt Mauler – scheinbar widerwillig, innerlich

Maulers Selbstanklage

Neuer Rat von der Börse

3.2   Inhaltsangabe

jedoch voll Freude – die Führung, schließt die Packhöfe „zu einem
Ring" (S. 131) zusammen und übernimmt „die Hälfte der Anteile"
(S. 131). Die *Schwarzen Strohhüte* sollen diese Lösung propagieren und für den Ring reden. Johanna wird gesucht, denn sie würde
„durch bloßes Aussehen Vertrauen" (S. 133) erwecken. Aus der
Vielzahl von Kapitalisten wird das Monopol. Dadurch kann Mauler
„ein Drittel allen Viehes (…) verbrennen", „Ein Drittel der Arbeiter
aus()sperren" (S. 132) und ein Drittel der Löhne senken (S. 137),
dafür das Fleisch verteuern. Die Krise wird behoben. Der drohende
Generalstreik wurde „niedergekämpft" und seine Anführer gefan-
gen genommen (S. 133). – Johanna eilt mit dem Brief zurück auf
die Schlachthöfe und sucht die Empfänger, „drei Leute" (S. 135).
Dabei erlebt sie die Verhaftung von Arbeitern und erfährt, dass die
Verhafteten „für fremder Leute Brot" (S. 136) gekämpft haben; sie
begreift, dass sie versagt hat, und „fällt um" (S. 138), aus Schwäche,   Johanna begreift
Verzweiflung und Enttäuschung über die eigene Schuld. – *Schwar-*   ihr Versagen
ze Strohhüte und Packherren, Religion und Kapitalisten haben ihr
Bündnis geschlossen. Johanna wird als Obdachlose von Polizisten in
das Vereinshaus gebracht, weil das ihr letzter fester Aufenthaltsort
gewesen sei. Während die Fleischproduzenten sie zur Märtyrerin
aufbauen wollen, weil sie ihnen „durch ihr menschenfreundliches
Wirken auf den Schlachthöfen (…) über schwierige Wochen hin-
weggeholfen" (S. 140) hat, gesteht Johanna ihre Schuld ein und
bekennt sie: „Den Geschädigten war ich ein Schaden / Nützlich war
ich den Schädigern." (S. 142) Die Verbündeten erkennen, welchen
Dienst Johanna mit ihrer „folgenlose(n) Güte" (S. 142) ihnen geleis-
tet hat; sie wird wieder in die *Schwarzen Strohhüte* aufgenommen.
Zwar verkündet Johanna ihre Erkenntnisse von der Notwendigkeit
der Gewalt, aber sie wird von den Verbündeten, die sie zur Heili-   Johanna wird
gen erheben wollen, „überschrien" (S. 143). Johanna wird immer   übertönt
schwächer, teilt jedoch ihre Erkenntnisse mit, was Slift herausfor-

3.2 Inhaltsangabe

Johannas Tod und Apotheose

dert, immer lautere Worte zu verlangen. Parallel dazu treffen neue Schreckensnachrichten aus den Produktionsstätten der Welt ein, aber auch der Streit untereinander wird intensiver. „Johanna ist nicht mehr hörbar" (S. 147). Man will ihr Suppe einflößen, beim „dritte(n) Mal" (S. 148) schüttet sie den Teller aus und stirbt. Die Fahnen werden auf sie niedergelassen.[36] Schlächter, Viehzüchter und Mauler bekennen sich in einer Apotheose[37] zu Fausts zwei Seelen des Menschen, die Mauler für sich uminterpretiert: Es zieht ihn zu den „Selbst- und Nutz- und Vorteilslosen / Und es zieht mich zum Geschäft" (S. 149).

---

36 Wie in der Schlussszene von Schillers *Jungfrau von Orleans*.
37 Ähnlich dem Ende von Goethes *Faust II* mit den Chören der Engel.

3.3 Aufbau

ZUSAMMEN-FASSUNG

→ Das Stück bedeutete im Schaffen Brechts eine neue Qualität, da seine wachsende Einsicht in die marxistische Theorie von ökonomischen Vorgängen und ihren Gesetzmäßigkeiten sich in der Dramaturgie des Stückes umsetzte.

→ Das Stück erhielt dadurch und durch die Möglichkeit der Einfühlung in Johanna trotz des Lehrstückcharakters und der epischen Elemente Züge, die dem aristotelischen Drama ähnlich sind. Insgesamt liegen drei unterschiedliche Strukturen vor.

→ Hinzu kommt die Anlehnung an klassische Vorbilder (Titel, Verssprache, Parallelität von Szenen), die zu einer Auseinandersetzung mit der Klassik führt, weil sie ihre Idealität nach der marxistischen Theorie durch die Bourgeoisie[38] verloren hatte und deshalb von Brecht parodiert wird. Dazu dient auch der Verfremdungseffekt (V-Effekt).

Moderner ökonomischer Inhalt und dramatische Form

Das Stück brachte dramaturgisch eine neue Qualität, in den Worten einer marxistischen Interpretin, „als es Brecht das erste Mal gelang, den Bau eines Stückes aus den Entwicklungsgesetzen der Realität abzuleiten"[39] und den modernen ökonomisch-sozialen Inhalt sowie die neue Konfliktkonstellation zwischen Kapitalisten und

Neue dramaturgische Qualität

---

38 Nach dem Marxismus die herrschende Klasse im Kapitalismus, die im Besitz der Produktionsmittel ist.
39 Rülicke-Weiler, S. 20.

3.3 Aufbau

Arbeiterschaft in eine entsprechende Dramenform zu bringen. Es war **der Versuch, die neuen Widersprüche der kapitalistischen Welt in eine Dramenform umzusetzen**, die mit ihrer Fünfaktigkeit in der Bühnenfassung von 1931 der Dramenform der Klassik ähnelte.[40] Zugleich ging es Brecht aber auch darum, diese Widersprüche mit Bestandteilen des Lehrstückes bzw. des epischen Theaters darzustellen und Verfremdungseffekte einzusetzen. So entstand ein Lehrstück mit einer vollständig durchgestalteten dramatischen Fabel. Für beides diente Schillers „romantische Tragödie" *Die Jungfrau von Orleans* (1801) als Bezugsgröße. Einerseits bot sie im Sinne der Parabel, die einem Lehrstück oft zu Grunde liegt, die Analogie des Geschehens. Die direkte Entsprechung wurde dabei verhindert, indem dem nachweislich historischen Geschehen bei Schiller die vergleichbare, aber parabolische fiktive Handlung bei Brecht entgegengesetzt wurde. Andererseits fand Brecht bei Schiller die in sich geschlossene Fabel, die er von ihrer Geschichtlichkeit abheben und für sich damit nutzbar machen konnte. Das Verfahren verwendete Brecht öfters; erinnert sei an die *Dreigroschenoper* (1928), die nach John Gays *The Beggar's Opera* (1728) entstand.

Es gelang, worauf Käthe Rülicke-Weiler mehrfach hingewiesen hat[41], die Zusammenführung von großer Form und einer sich **auf marxistische Theorie gründenden Handlung**, die sich aus drei Teilhandlungen zusammensetzt:

1. die Handlung um den „Fleischkönig Pierpont Mauler" (S. 7) und die Fleischspekulationen;

Lehrstück mit dramatischer Fabel

Drei Teilhandlungen

---

[40] Auf diese Parallelität zwischen der „Brecht-Dramaturgie" und „der aristotelischen Form" wies auch Rülicke-Weiler, S. 257, hin.
[41] Vgl. ebd., S. 138.

3.3 Aufbau

2. die Handlung um Johanna von den *Schwarzen Strohhüten*, eine der Heilsarmee vergleichbare Organisation, und ihren Weg zur Erkenntnis;
3. die Handlung um die Arbeiter in den Schlachthöfen, in den „städtischen Großbetriebe(n)" (S. 96) und der „Zentrale der Arbeitergewerkschaften" (S. 96) mit ihrer Planung des Generalstreiks.

Die drei Handlungen werden unter dem Aspekt der Spekulation durch die Produzenten einerseits und der überlebensnotwendigen Beschäftigung für die Arbeiter andererseits zusammengeführt. Dabei ist die Funktionsverteilung auffällig: Während die ersten beiden Handlungen durch Individuen repräsentiert werden (Mauler, Johanna), vertreten die dritte Handlung Arbeiter und Arbeiterführer, also Gruppen. Das entspricht der sozialen Situation: Während die herrschende Macht als individualisierte Größe – Mauler – erscheint, hat diese Individualisierung bei den Armen noch nicht stattgefunden, und so können sie nur als soziale Gruppe oder Klasse erscheinen (Massen „ohne jedes Gesicht oder Namen", S. 101).

Spekulation und Beschäftigung

Käthe Rülicke-Weiler beschrieb auch, wie Brecht aufgrund seiner Studien seit 1926 die Darstellung des Krisenzyklus in Karl Marx' Werk *Das Kapital*[42] zur Grundlage nahm:

Marx' Krisenzyklus als Grundlage

Die Abfolge entspricht jenem Kapitel aus dem *Kapital*, in dem Karl Marx den Widerspruch zwischen Produktion und Konsumtion (Verbrauch) als Ausgangspunkt der Arbeitslosigkeit beschreibt, verbunden mit Lohndumping und Umverteilung des Kapitals. Zur Verstärkung des epischen Charakters dieser Fassung wurden die

Epische Vorwegnahmen

---

42 Karl Marx: *Das Kapital* . In: Karl Marx/Friedrich Engels: Werke, Bd. 23, Berlin: Dietz Verlag, 1970, S. 476: „Das Leben der Industrie verwandelt sich in eine Reihenfolge von Perioden mittlerer Lebendigkeit, Prosperität, Überproduktion, Krise und Stagnation. Die Unsicherheit und Unstetigkeit, denen der Maschinenbetrieb die Beschäftigung und damit die Lebenslage des Arbeiters unterwirft, werden normal mit diesem Periodenwechsel des industriellen Zyklus."

3.3 Aufbau

Szenenfolge in Brechts *Johanna*	Kapitalistischer Krisenzyklus nach Marx
Szene 1–4	Ende der Prosperität
Szene 5–8	Überproduktion
Szene 9	Krise
Szene 10–12	Stagnation
Szene 13 (Schlussapotheose)	Wiederherstellung des industriellen Kreislaufs[43]

epischen Vorwegnahmen vor den Ortsangaben an der Spitze der Szenen erweitert; sie erscheinen wie ein vorangestelltes Plakat, bekommen, gedruckt in Versalien, größeres Gewicht und teilen den Inhalt in abstrahierter Kurzfassung mit: „4 Der Makler Sullivan Slift zeigt Johanna Dark die Schlechtigkeit der Armen: Johannas zweiter Gang in die Tiefe." (S. 33) Diese Überschrift wurde von Brecht ausdrücklich als beispielhaft für episches Theater und Verfremdung bezeichnet[44], indem etwas beschrieben werde (Gang in die Tiefe), was tatsächlich völlig andere Grundlagen habe (Weg zu den Arbeitern). Johannas drei *Gänge in die Tiefe* orientieren sich an Fausts *Gang zu den Müttern* aus *Faust II* (Vers 6213 ff.). Die Parallelität besteht darin, dass in beiden Vorgängen nach unbekannten Ursachen, letzten Begründungen gefragt wird, bei Goethe nach dem Mysterium von Helena und Paris, bei Johanna nach den Gründen für die Arbeitslosigkeit und die Armut. Dabei wird der Unterschied erkennbar: Bei Goethe führt der Gang in die Tiefe zu den Müttern im antiken Mythos, bei Brecht führt der Gang in die Tiefe zu den Arbeitern in der modernen Ökonomie. Ein Gegensatz wird erreicht:

Vorbild *Faust*

---

43 Käthe Rülicke-Weiler hat diesen Ablauf entwickelt und dabei Karl Marx' *Das Kapital*, Bd. 1, zu Grunde gelegt. Vgl. Rülicke-Weiler, S. 138 f.
44 Bertolt Brecht: *Anhang*. In: Brecht: *Schriften zum Theater*, Bd. 3, S. 187.

3.3 Aufbau

→ Mit dem Weg in den Mythos dringt der Mensch zu ihm unbekannten vorgeschichtlichen Bereichen vor, „im tiefsten,
allertiefsten Grund" (Goethe, *Faust II*, V. 6284), zeit- und ortlos,
wie Mephisto Faust mitteilt.

Mythos vs.
Ökonomie

→ Mit dem Gang in die Tiefe der Ökonomie dringt der Mensch
zu ihm ebenfalls unbekannten Bereichen vor, die aber von
gesellschaftlicher Bedeutung sind und das Verständnis von
Geschichte und des Menschen geschichtliche Aufgabe ermöglichen.

Die drei Strukturen

Das Stück hat zahlreiche Vorstufen, Fragmente und Varianten[45],
insgesamt sind drei verschiedene Fassungen dominierend:

Drei Fassungen

1. Eine frühe Fassung, deren Handlungszeit um 1900 ist; Johanna ist ein Neuankömmling vom Lande. Die Fassung wurde
vom *Berliner Ensemble* 1968 inszeniert (vgl. S. 110 f. dieser
Erläuterung).
2. Die Bühnenfassung von 1931, Handlungszeit um 1900, Johanna ist Leutnant der *Schwarzen Strohhüte*. Die Fassung wurde
1932 nicht, wie vorgesehen, aufgeführt.
3. Die Druckfassung in den *Versuchen* 1932, auf die sich im Allge-
meinen bezogen wird – Handlungszeit nicht ausgewiesen, aber
mit 1929 anzunehmen – und die auch diesem Kommentar weit-
gehend zu Grunde liegt.

---

45 Vgl. Brecht: *Bühnenfassung*.

3.3 Aufbau

DIE DREI STRUKTUREN

1. Fassung 1 (Fassung des *Berliner Ensembles* von 1968)

Handlung 1900 — Verlauf linear →

Tag	1.	2.	3.	4.	5.	6.	7.

entspricht nach 3. (ca.):

Szene	1–3	4–5	6	7	8	9–10	11–12

2. Fassung 2 (*Bühnenfassung von 1931*)

Handlung 1900

Akt	I	II	III	IV	V

entspricht nach 3. (ca.)

Szene	1–3	4–5	6–8	9	10–11 (12)

Dramaturgie nach aristotelischem Prinzip:

Verlauf aristotelisch

Exposition	steigende Handlung	Höhepunkt, Peripetie	fallende Handlung	Katastrophe

3. Fassung 3 (zitierte Ausgabe, Druckfassung von 1932 in den *Versuchen*)

Handlung 1929 — Verlauf linear →

Szene	1	2a–d	3	4	5	6	7	8	9a–k	10	11a–b	12 (13)

4. Gliederung nach Rülicke-Weiler [46]

Handlung 1929

Verlauf aristotelisch

Szene	1–4	5–8	9	10–12	13, Schluss von 12 Schlussapotheose

Krisenabschnitte nach Karl Marx:

Ende der Prosperität	Überproduktion	Krise	Stagnation	Wiederherstellung des industriellen Kreislaufs

46   Vgl. Rülicke-Weiler, S. 138.

3.3 Aufbau

Episches und aristotelisches Theater

Das *Berliner Ensemble* stellte in seiner Inszenierung von 1968, zu der eine eigene Bühnenfassung entstand, den epischen Charakter aus. Das wurde unter anderem darin erkennbar, dass der Ablauf der Handlung entsprechend der Weltschöpfung in sieben Tagen (vgl. S. 110 f. dieser Erläuterung) verläuft und sich an den Schöpfungsbericht anlehnt.[47] Dieser Ablauf wurde als epische Vorwegnahme vor jede Szene gestellt und gab damit bereits den Inhalt bekannt; der Zuschauer konnte daher sein Interesse auf das Warum-geschieht-es? richten, nicht mehr auf das Was-geschieht?

Wie-Spannung anstelle von Was-Spannung

Unterschiedlich sind die betont epische Gliederung in der Druckfassung der *Versuche* 1932 und eine aristotelisch anmutende Fassung in der Bühnenfassung von 1931 („Schauspiel von Brecht"). Der Lehrstückcharakter ergab sich zusätzlich aus Brechts Marxismus-Studien: Für den Ablauf der Handlung legte Brecht einen Krisenzyklus zu Grunde. Er beginnt mit Maulers Rückzug aus dem Fleischgeschäft und endet mit der erneuten Beherrschung des Fleischgeschäfts durch Mauler, allerdings auf einer höheren Ebene. Seiner Bühnenfassung von 1931 stellte Brecht eine ökonomisch orientierte Inhaltsangabe, entgegen der Gattungsangabe „Schauspiel" lehrstückhaft angelegt, voran, in der er auf diese Abläufe einging:

Der Lehrstückcharakter

> „Es handelt sich um eine mehrwöchentliche Krise im Fleischhandel, während welcher die Arbeiter der großen Packhöfe ausgesperrt sind. Anzeichen der herannahenden Konsumstockung (sinkende Preise, verschärfter Konkurrenzkampf, drohen-

---

47 Vgl. Programmheft: Bertolt Brecht: *Die heilige Johanna der Schlachthöfe*. Inszenierung des *Berliner Ensembles* 1968. S. 4 der Programmeinlage: Es werden sieben Tage mit 19 Szenen aufgeführt.

3.3 Aufbau

de Schutzzölle der angrenzenden Staaten) veranlassen Pierpont Mauler, sein Geld aus dem Fleischgeschäft zu ziehen."[48] usw.

Briefe als Verbindungselement

Die Verbindung zwischen den Handlungen an der Börse und bei den Arbeitern schaffen, ähnlich wie Schiller die Handlungen etwa im *Don Karlos* organisierte[49], Briefe. Sie sind ein Mittel des aristotelischen Aufbaus in der klassischen deutschen Literatur und von ähnlicher Bedeutung wie „Mauerschau" und „Botenbericht". Briefe sagen bei Brecht die Krisenentwicklung voraus und lösen die Handlung der einzelnen Abschnitte aus. Damit entsprechen sie den erregenden (S. 7, S. 62, S. 89) bzw. retardierenden (S. 129) Momenten des klassischen Dramas, wie die nachfolgende Betrachtung belegt.

Vergleich mit klassischem Drama

→ Die Eröffnung (Exposition) ist **ein Brief** (S. 7) von Maulers Freunden von der „Wallstreet" (S. 130), der das Ende der Prosperität (Blüte, Wohlstand) mitteilt; Mauler soll deshalb sein Geld zurückhalten.

→ Ein **zweiter Brief** geht auf die Krisenverschärfung ein und leitet Maulers Spekulation ein, die Krise zur Ruinierung der Mitkonkurrenten zu nutzen (S. 61 f.).

→ Der **dritte Brief** (S. 89) löst Maulers entscheidende Eingriffe aus, da er von neuen Märkten weiß.

→ Im **vierten Brief** (S. 129) wird Mauler von seinen Börsenfreunden aufgefordert, die Anzahl des Viehs zu beschränken und mit den Viehzüchtern Verträge zu schließen, um den Markt zu stabilisieren, das Angebot zu beschränken, die Preise zu erhöhen, Arbeiter zu entlassen und Löhne zu senken.

---

48 Brecht: *Bühnenfassung*, S. 9.
49 Vgl. dazu Rüdiger Bernhardt: *Friedrich Schiller. Don Karlos.* Königs Erläuterungen, Bd. 6, Hollfeld: C. Bange Verlag, 2014, S. 53, 65, 114 und Prüfungsaufgabe 5 mit Musterlösung (nur online).

3.3 Aufbau

→ Zu diesen Briefen der Wallstreet an Mauler kommt **ein Brief der Streikleitung**, den Johanna befördern soll (S. 99, 112, 118, 135) und den sie aber nicht zustellt, wodurch auch keine Handlung zustande kommt. Er hätte die – aus Sicht der marxistischen Theorie – richtige Lösung für die Krise gebracht, den Generalstreik.

Einen anderen Aufbau hatte die *Bühnenfassung von 1931*. In ihr spiegelt sich äußerlich eine aristotelische Struktur wider, die Fünfaktigkeit. Brecht ließ sogar für die Gestalt der Johanna die aristotelischen „Effekte der Einfühlung"[50] zu, obwohl diese dem nichtaristotelischen Theater widersprachen. Die Aktgliederung änderte die Verteilung der Szenen. Daraus ergibt sich folgender Ablauf:

Der Aufbau der Bühnenfassung von 1931

Erster Akt: Szene 1–3
Zweiter Akt: Szene 4–5
Dritter Akt: Szene 6–8
Vierter Akt: Szene 9 a–i
Fünfter Akt: Szene 10–11

Dass es sich nur um elf Szenen handelte, war die Folge einer Umstellung, die neben anderen Veränderungen in die Struktur eingriff. Dadurch ging die Szene 11 der Druckfassung in die Szene 9 i ein, und die Schlussszene 12 wurde zur Szene 11. Mit dieser fünfaktigen Anlage bekam der Aufbau Ähnlichkeit mit dem klassischen Drama.

Das ist jedoch nur ein Teil des Aufbaues; ein anderer ist der Bezug zum klassischen Drama, der zuerst durch den Titel signali-

Bezug zum klassischen Drama

---

50 Bertolt Brecht: *Über die Verwendung von Prinzipien*. In: Brecht: Schriften zum Theater, Bd. 3, S. 127.

3.3   Aufbau

siert wird. Er stellt eine Beziehung zu zwei Stücken her: Friedrich von Schillers *Die Jungfrau von Orleans*[51] (1801) und George Bernard Shaws *Die heilige Johanna* (1923). Brecht verwendete „häufig Sujets und Gestalten (…), die vor ihm schon andere Dichter in die Literatur eingeführt haben"[52]. In der *Bühnenfassung von 1931* trägt das Stück die Gattungsbezeichnung „Schauspiel" und wird in Akte gegliedert. Die Ausgabe von 1932 (13. *Versuch*) verwendet noch die Bezeichnung „Schauspiel", verzichtet aber auf die Akteinteilung, später wurde auch auf die Gattungsbezeichnung verzichtet. Da Brecht sich solche Bezeichnungen genau überlegte, ist nach dem Grund des Verzichts zu fragen. Das Stück spielte mit verschiedenen Typen: dem Lehrstück, dem Parabelstück, dem klassischen Drama, dem Volksstück und selbst der Chronik – Möglichkeiten, die Brecht benutzte und auch auswies, doch sollte kein Typ favorisiert werden.

Verzicht auf Akteinteilung

Besonders in der nicht separat ausgewiesenen Szene 13, der Glorifizierung Johannas (S. 148 f.), bemühte sich Brecht, den zur klassischen Dramenstruktur neigenden Aufbau zurückzunehmen, weil dieser dem Zuschauer Einfühlung brächte. Die letzte Szene bereitete ihm Schwierigkeiten: Er benötige einen „kunstgriff, um auf jeden fall dem zuschauer den nötigen abstand zu sichern. selbst der unbedenklich sich einfühlende muß zumindest jetzt, auf dem weg der einfühlung (…) den v-effekt verspüren."[53] Der Kunstgriff war, dass Brecht das Ende von Schillers *Die Jungfrau von Orleans* wörtlich übernahm: „Auf einen leisen Wink des Königs werden alle Fahnen sanft auf sie niedergelassen, dass sie ganz davon bedeckt

Johannas Glorifizierung

---

51   Vgl. dazu Rüdiger Bernhardt: *Friedrich Schiller. Die Jungfrau von Orleans.* Königs Erläuterungen, Bd. 2, Hollfeld: C. Bange Verlag, 2016.
52   Fradkin, S. 439.
53   Brecht: *Arbeitsjournal*, S. 22.

3.3   Aufbau

wird." (Schiller: *Die Jungfrau von Orleans*, 5. Aufzug, 14. Auftritt, Ende) Die Folgen der Taten beider Frauen entsprechen sich:

→ Johanna von Orleans hatte Frankreich retten wollen und dabei ihr Vaterland und den König gerettet.

→ Johanna Dark hatte den Arbeitern helfen wollen und dabei dem Kapitalismus und dem Fleischkönig Mauler geholfen.

Beide Frauen waren an der Spitze einer militärisch organisierten Macht aufgetreten, Schillers Jungfrau an der Spitze der französischen Armee, Johanna Dark als Leutnant der *Schwarzen Strohhüte*. Sie hatten sich daher beide eine militärische Würdigung durch das Senken der Fahnen verdient. Bei Schiller jedoch war bei Johannas Apotheose der Himmel „von einem rosigten Schein beleuchtet", bei Brecht ist „die Szene (...) von einem rosigen Schein beleuchtet" (S. 149). Der Vorgang mit dem Ersatz von „Himmel" durch „Szene" entidealisiert und verfremdet. Das Ende war bei Schiller zur idealistischen Glorifizierung der heiligen Johanna übersteigert worden; Brecht war grundsätzlich gegen idealistische Vorstellungen und opponierte deshalb auch gegen den Expressionismus. Doch waren für ihn die Schlachten an der Börse „heut nicht anders" als die Schlachten der Jungfrau von Orleans „vor Menschenaltern" (S. 125). Die Börsenmitarbeiter verbissen sich ineinander wie „die Rosse in alter Zeit" (S. 127). So konnten auch, von ihrer idealen Funktion befreit, Vorgänge des klassischen Dramas übernommen und im Gebrauch verfremdet werden.

Brechts Kunstgriff

Brechts Anti-Idealismus

Der V-Effekt in verschiedenen Anwendungen

Brecht entwickelte mit dem Verfremdungseffekt (V-Effekt) einen entscheidenden Unterschied zwischen der heroischen Szenerie von Schlachtfeld bei Schiller und agierenden Schlächtern und Viehzüchtern auf Schlachthöfen, die für ihn ein „schlachtfeld"[54] waren.

Groteske Parodie

———

54   Brecht: *Arbeitsjournal*, S. 242.

3.3 Aufbau

Das wurde zur grotesken Parodie, die den V-Effekt (Verfremdungs-effekt) auslöste: Brechts Johanna ist keine Heilige auf dem Wege zur Festigung einer Nation, sondern wird gegen ihren Willen zur Heiligen gemacht, auf dem Wege zur menschenfeindlichen Monopolisierung, die – denkt man an Maulers nun entstandenen übernationalen Fleischkonzern, der auch „Argentinien und Kanada" (S. 126) einbezieht – wie eine Vorstufe der heutigen Globalisierung erscheint. Im Ablauf erinnert alles an Schillers Stück, Johanna tritt für die Unterlegenen ein, führt sie zum Siege und wird sterbend zur Heiligen.

Johannas Siege sind Niederlagen

Aber diese Siege sind Niederlagen, denn sie dienen den Bekämpften. In ihrer Todesstunde begreift sie, nicht für die Nation gestorben zu sein, sondern unfreiwillig dem Bekämpften gedient zu haben. Die Verfremdung geschieht in der Ersetzung des Ideals, das der Zuschauer/Leser kennt, durch sein Gegenteil, die Verfälschung, die der Zuschauer/Leser zur Kenntnis nehmen muss. Der Brecht-Biograf Ilja Fradkin sah die Verfremdung in dem Stück noch umfassender:

> „So ‚verfremdet' in Brechts Stück die Parodie den Gegenstand der Darstellung und dient in voller Übereinstimmung mit der Theorie des epischen Theaters der Aufgabe, das Beobachtungsvermögen der Leser und Zuschauer zu schärfen, ihr kritisches Denken zu stimulieren."[55]

Fremder Schauplatz

Der V-Effekt (Verfremdungseffekt) erscheint in vielfältiger Ausprägung: Zuerst war die Verlagerung der gesamten Handlung nach Chicago und in die Schlachthöfe, also in ein dem deutschen Zuschauer unbekanntes Territorium, eine solche Verfremdung. Diese wurde dadurch verstärkt, dass kein unfassbares Schicksal die

---

55   Fradkin, S. 114.

3.3 Aufbau

Handlung bestimmt, wie auch Johanna anfangs annimmt („Das Unglück kommt wie der Regen", S. 15), sondern die ökonomischen
Beziehungen zwischen Menschen: „Es helfen nur Menschen, wo
Menschen sind" (S. 146), erkennt Johanna, und die Arbeiter verstehen die Krise als „große Schiebung am Fleischmarkt" (S. 13),
während die Packherren das unerkennbare Schicksal beschwören,
um ihr Tun zu legitimieren: „Gegen Krisen kann keiner was! / Unverrückbar über uns / Stehen die Gesetze der Wirtschaft, unbekannte,
/ Wiederkehren in furchtbaren Zyklen / Katastrophen der Natur."
(S. 52), und die „kleinen Spekulanten" meinen „ewig undurchsich-
tig / Sind die ewigen Gesetze" (S. 89). Bekräftigt wird die scheinbar
mythische Herkunft der Wirtschaftsgesetze wider besseres Wissen
durch die *Schwarzen Strohhüte* unter ihrem Major Snyder, der den
Armen ihr „Leiden" (S. 70) als Schicksal erklären will.

Ökonomie statt Schicksal

 Eine andere Form der Verfremdung ist die Verwendung von Szenen der Weltliteratur, die neue Inhalte bekommen. Die Erkennungsszene Maulers durch Johanna (3. Szene) findet sich in Schillers *Jungfrau von Orleans* (1. Aufzug, 10. Auftritt, V. 1002 ff.): „Wie kennst
du mich?" (S. 28, Brecht) – „Von wannen kommt dir diese Wis-
senschaft?" (V. 1011, Schiller). Nur wird in der berühmten Szene
bei Brecht kein König erkannt wie bei Schiller („Ich sah dich, wo
dich niemand sah als Gott.", V. 1012), sondern einer der schlimms-
ten Ausbeuter, ausgewiesen durch das „blutigste Gesicht" (S. 28).
Mehrere Szenen gehen strukturell auf Schillers *Jungfrau von Orleans* zurück: Die Jungfrau von Orleans vereinsamt und wird aus
Reims verjagt, weil ihr Vater sie der Hexerei bezichtigt (4. Aufzug,
11. Auftritt); Brechts Johanna wird aus den Reihen der *Schwarzen
Strohhüte* verstoßen, weil sie die Packherren aus dem Tempel gejagt
hat und diese deshalb ihre finanzielle Unterstützung aufgekündigt
haben (S. 75 f.). Auf ihrem Weg in die Einsamkeit begleiten die
Titelheldinnen nur eine Person: Bei Schillers Johanna ist es Rai-

Bezüge zu Schillers Jungfrau

3.3 Aufbau

mond, ihr Verehrer und Freund (5. Aufzug, 2., 4. und 5. Auftritt), bei Brechts Johanna ist es Martha (S. 23). Der Aufbruch Marthas und Johannas zu Mauler (S. 23) entspricht einer Szene in Schillers *Jungfrau von Orleans*.

Biblische Bezüge

Die 7. Szene gibt als epische Vorwegnahme vor: „Austreibung der Händler aus dem Tempel" (S. 67), so die Überschrift. Johannas Vertreibung der Packherren und Makler aus der Börse erinnert an die Vertreibung der Wechsler durch Jesus Christus aus dem Tempel. Das nimmt einen biblischen Vorgang auf, den die Evangelisten beschreiben: Jesus vertrieb die Händler und Wechsler aus dem Tempel (Matthäus 21, 12 ff; Markus 11, 15 ff.; Lukas 19, 45; Johannes 2, 13 ff.). Ein ähnlicher, bereits ins Dramaturgische reichender Ablauf findet sich in der 4. Szene: Er wird mit dem „Urbild aller solcher Wandelszenen"[56] verglichen, dem *Osterspaziergang* in Goethes *Faust I*.

Bezug zum *Osterspaziergang*

Wenn auch diese direkte Entsprechung schwer nachzuvollziehen ist, so erweist sich Johannas und Slifts Gang in die Tiefe (S. 33 ff.) als Variation eines Modells, das in der Weltliteratur – die Reihe reicht von Dantes *Göttlicher Komödie* über Goethes *Faust* bis zu Gerhart Hauptmanns *Der große Traum* – für die Durchdringung des Raums zwischen Himmel und Hölle (S. 60, 114) und der Rolle der Men-

Mauler und Johanna als Faust-Verkörperungen

schen darin verwendet wird. Bei Brecht gibt es entsprechend der verschiedenen Handlungen auch verschiedene Ausbildungen des Faust: Der Unternehmer Mauler verkörpert einen männlichen Faust und Johanna einen weiblichen Faust der Armen (vgl. S. 64 f. dieser Erläuterung). Der Gegensatz von „Fleischkönig und Philanthrop" (S. 11) ist eine Verfremdung: Mauler handelt nach den Gesetzen der Ökonomie, gibt aber diesen Handlungen ein philanthropisches Mäntelchen, das allerdings nie Wirkung zeigt, sondern immer ins Gegenteil umschlägt.

---

56 Hartung, S. 325.

3.3   Aufbau

Zum Einsatz klassischer Mittel und des V-Effekts gehört auch
der Wechsel der Verse. Damit nicht genug: Während bei Schiller
das Stück mit der Glorifizierung Johannas endet, dieser Schluss bei
Brecht wiederholt und dabei umfunktioniert wird, folgen bei Brecht
der Chor der Schlächter und Viehzüchter, ein Monolog Maulers
und ein chorischer Text beider, die mit Begriffen wie „Äonen" und
Zitaten auf Goethes *Faust I* verweisen:

> „Zwei Seelen wohnen, ach! In meiner Brust, / Die eine will sich
> von der andern trennen; / Die eine hält, in derber Liebeslust, /
> Sich an die Welt mit klammernden Organen; / Die andre hebt ge-
> waltsam sich vom Dust / Zu den Gefilden hoher Ahnen" (Goethe:
> *Faust I*, V. 1112–1117).

Chorisch sprechen alle sozialen Gruppen des Stückes, die Viehzüchter, Packherren, Schlächter und Viehzüchter (S. 43 u. ö.) ebenso
wie die *Schwarzen Strohhüte* (S. 14 u. ö.) und die Arbeiter (S. 9
u. ö.). Das chorische Sprechen hat eine das Geschehen kommen-
tierende Funktion und verweist auf den gesamtgesellschaftlichen
Hintergrund der unterschiedlichen Klassen. Damit erinnert dieses
chorische Sprechen einerseits an den Chor der antiken Tragödien,
andererseits an volkstümliche Sentenzen: Wenn die Arbeiter gemeinsam sprechen „Vor die Not nicht am höchsten ist ..." (S. 105),
klingt der weit verbreitete Aphorismus an „Wenn die Not am größten
ist ...", der allerdings ebenfalls verfremdet wird. Brecht setzt nicht
fort „...ist Gott am nächsten", sondern „Werden sie die Fabriken
nicht aufmachen" (S. 105).

Chorisches Sprechen

Das Verhältnis zu Goethes *Faust*

Der Vorspruch von 1932 (Druckfassung in den *Versuchen*), der
später wegblieb, erklärte zur Absicht des Stückes, die „heutige Ent-

Parodie auf Faust II

3.3 Aufbau

wicklungsstufe des faustischen Menschen" darzustellen. Um diesen Ansatz präsent zu halten, finden sich Anleihen, die auf Goethes *Faust* verweisen. Neben den genannten Beispielen ist es vor allem das hymnische Ende bei Brecht, das Fausts Erlösung in *Faust II* parodiert und dabei die göttlichen Stimmen der himmlischen Chöre durch Mauler, Schlächter und Viehzüchter ersetzt, damit säkularisiert (S. 148 f.) und abwertend profaniert. Brecht sah eine zusätzliche Schwierigkeit zu dem Stück darin, dass

> „das Werk unter anderen auch zu einer Untersuchung verschiedener Darstellungsweisen wird, ein zweifellos verwirrender Umstand! Die Verbundenheit einer bestimmten Handlungsweise der Menschen mit ihrer Ausdrucksweise (die sie in der Kunst findet – siehe besonders die Schlußszene!) mag verwirren, aber auf diese Weise werden bestimmte Darstellungsweisen zerstört, indem ihre soziale Funktion gezeigt wird (...)"[57].

Mauler als Faust der Gegenwart

Mauler wird als Faust der Gegenwart erkennbar: Er hat die zwei Seelen in seiner Brust, nur ist es nicht mehr der Kontrast von sinnlicher und geistiger Welterfahrung, sondern der Kontrast zwischen Selbstlosigkeit und kapitalistischem Geschäft. Er avanciert zu einem bösartigen Faust, dessen schöpferisches Vermögen für ihn Kapital, für die Arbeiter Vernichtung bringt. In der deutschen Literatur des 20. Jahrhundert kam es zu einer Abfolge herausragender Werke, die auf die „böse" Faust-Figur zurückgriffen und die von Brechts *Die heilige Johanna der Schlachthöfe* (1931) über Thomas Manns *Doktor Faustus* (1947) bis zu Wolfgang Borcherts *Die lange lange Straße lang* (1947) reicht. Daneben trägt auch Johanna Züge Fausts,

---

57 Bertolt Brecht: *Ist die* Heilige Johanna der Schlachthöfe *ein realistisches Werk?* In: Brecht: Schriften zum Theater, Bd. 2, S. 150.

3.3 Aufbau

sie agiert in ähnlichen Situationen wie Faust mit Mephisto, so bei ihrem Abstieg in die Schlachthöfe, begleitet von Slift. Den Hinweis Brechts so zu lesen wie der Brecht-Biograf John Fuegi, „das ganze Stück hat ‚zwei Seelen‘, und sie sind in einen tödlichen Kampf miteinander verstrickt"[58], stimmt weder für Goethes *Faust* noch für Brechts Stück und geht nicht einmal korrekt mit Brechts Aussage vom „faustischen Menschen" um.

Die Einfühlung beschäftigte Brecht im Zusammenhang mit dem Stück mehrfach. 1941, als seine *Heilige Johanna der Schlachthöfe* durch die nationalsozialistische Politik bereits historisch geworden war, weil nun die politisch-ökonomische Entwicklung in eine neue, schrecklichere Phase eingetreten war, sah Brecht durchaus die Möglichkeit für den Zuschauer, sich in Johanna hineinzuversetzen, sich in sie einzufühlen, „da diese figur ja einen erkenntnisprozeß durchmacht"[59]. Dadurch konnte auch der Zuschauer seinen Erkenntnisprozess vollziehen.

Der Aspekt Einfühlung

Verschiedene Versformen – veränderter Konflikt

Versformen des klassischen Dramas werden von den Mächtigen verwendet, wobei zwischen klassischer Form und brutal-nüchternem Inhalt ein beabsichtigter Widerspruch entsteht: Man nehme den jambischen Fünfheber „Wir gingen durch den Schlachthof, Abend war's" (S. 7). Dieser Widerspruch dringt in die Grundstruktur ein: Der Rückgriff auf das klassische Drama steht im Widerspruch zum Inhalt der Schlachthöfe von Chicago, die Anlehnung an die *Jungfrau von Orleans* ist ungeeignet für eine Johanna der Schlachthöfe. Johanna spricht Prosa und unklassische Verse Brechts, die Arbeiter sprechen chorisch Brecht-Verse, andere Vertreter der unteren

Klassische Versformen

---

58 Fuegi, S. 369.
59 Brecht: *Arbeitsjournal*, S. 143.

3.3   Aufbau

Schichten verwenden Prosa. Dadurch bekam das Stück parodistische Züge. Insgesamt lässt sich unterscheiden, dass die klassische
Struktur von den Ausbeutenden verwendet wird, die schlichte Prosa
und Verse Brechts von den Ausgebeuteten: „Die Klassikersprache
wird ausdrücklich als Ausbeutersprache benutzt. Mauler spricht
im schillerischen Tonfall, Johanna in den Versformen Brechts"[60].
Damit werden die Versformen zum Ausdruck von Lebensverhält-
nissen, der klassische Vers steht für bourgeoisen Glanz, Johannas
harter Rhythmus – wie die chorischen Verse der Arbeiter – für pro-
letarisches Elend. Das machte für das Stück Sinn, bedeutete jedoch eine nicht gerechtfertigte Bewertung des klassischen Verses,
dessen bürgerlich antifeudaler und antiabsolutistischer Gehalt ver-
nachlässigt wurde: „(…) *Die heilige Johanna der Schlachthöfe* ist ganz
auf solcher Konfrontierung der Schiller-Form mit der modernsten
kapitalistischen Wirklichkeit aufgebaut."[61]

Konflikt der
Klassen statt des
Individuums

Auch für den Konflikt ergab sich eine neue Konstellation: Nicht
mehr der Konflikt des Individuums bestimmte das Stück, sondern
der Konflikt der Klassen, einerseits der Kapitalisten wie Mauler,
andererseits der Arbeiter, die auf Grund ihrer gesellschaftlichen
Stellung als undifferenzierte Masse erscheinen. Zerrieben wurde
zwischen diesen beiden Klassen alles Kleinbürgerliche wie Johanna Dark, auch ihre *Schwarzen Strohhüte*, sofern sie nicht den Unternehmern wertvolle Dienste leisteten. Sie mussten untergehen,
oder es wurde mindestens mit Vertreibung gedroht (S. 119), weil
sie glaubten und propagierten, mit Güte und Gottvertrauen die Probleme lösen zu können. Dadurch entstanden vorwiegend typisierte
Figuren, die sich im Konflikt gegenüberstanden; individuelle Aus-
prägungen, wie sie die Klassik verwendete, wurden zwar einge-

60 Mayer, S. 155.
61 Ebd., S. 315.

3.3 Aufbau

führt – Maulers Philanthropismus –, blieben aber unwirksam oder wirkten beabsichtigt falsch. Die Titelgestalt möchte, nachdem sich ihre *Schwarzen Strohhüte* von ihr abwenden und sie von ihnen ausgeschlossen wurde, den Armen durch ihr individuelles Engagement Rettung bringen, und muss dabei erkennen, dass sie nicht nur versagt, sondern schädlich gewirkt und den Ausbeuter Mauler gestärkt hat, weil sie keine Klassenstrukturen erkannt und keinen Klassenkampf gekannt hatte.

Das Stück ist in zwölf Szenen gegliedert, einige Szenen sind in Unterszenen unterteilt. Akteinteilungen finden sich in der Druckfassung von 1932 nicht. Jede Szene wird durch eine epische Vorwegnahme eingeleitet, Hinweis auf das nichtaristotelische Theater, das Brecht in dem Stück verwirklicht sah. Damit sollte insbesondere dem Zuschauer die Katharsis und damit die Einfühlung in die Personen und Vorgänge verwehrt werden, denn statt der Handlung zu folgen, konnte der Zuschauer sie, indem er sie bereits kannte, rational verstehen. Die epische Vorwegnahme erscheint als Überschrift und wird nicht dramatisch umgesetzt; es ist ein Hinweis auf die epische Anlage des Stückes.

Einteilung in zwölf Szenen

Parodie im Stück – Schillers *Die Jungfrau von Orleans*

Im Verlauf der Handlung finden sich Parallelszenen zu Werken Schillers, vorwiegend zu *Die Jungfrau von Orleans*. Dazu gehören die Eröffnungsszene (1, S. 7). In ihr findet eine klassische Eröffnung statt, wie man sie auch aus Schillers *Don Carlos* kennt. Die Erkennungsszene (3, S. 28) wurde direkt von Schiller übernommen. Besonders auffallend und bis in die Wortwahl identisch ist die Schlussszene (12, S. 149). Die beiden genannten Szenen weisen den parodistischen Umgang mit den Originalszenen aus. Es wird deutlich, wie weit der ideale Ansatz des klassischen Werkes verloren gegangen und ins Gegenteil umgeschlagen ist. In der Schlusssze-

Eröffnungsszene

Schlussszene

3.3 Aufbau

ne werden zusätzlich durch Zitatmontagen Bezüge zu den klassischen Traditionen hergestellt: Die Lehre „Mensch, es wohnen dir zwei Seelen / In der Brust!" (149) nimmt Fausts Worte zu Beginn des Osterspaziergangs auf (Goethe: *Faust I*, V. 1112), nimmt sie indessen zurück, als es bei Brecht keine dialektische Beziehung oder Entwicklung zwischen den gegensätzlichen Positionen gibt, sondern sie sich als nicht zusammengehörend darstellen: Die eine Seele ist etwas abstrakt Erwünschtes, die andere Seele nicht beeinflussbar, weil „unbewusst" agierend. Nur in dieser Unvereinbarkeit bzw. nicht vorhandenen Beziehung sind sie auf unterschiedlichen Ebenen existent.

Parodie des Kanons

Wenn man die Zitatmontagen, Zitatvariationen, szenischen Parallelitäten und deutlichen Anspielungen zusammenfasst, ergibt sich, dass Brecht den Kanon des damaligen Bildungsbürgertums – Goethe, Schiller, Hölderlin – mit seiner sozial-ökonomischen Gegenwart in Beziehung setzt und die Fragwürdigkeit der klassischen Idealität beschreibt, indem er sie parodiert.

Dabei hat die Parodie mehrere Ebenen:

→ Die Fassung von 1932 in den *Versuchen* stellt in ihrer Gesamtheit eine Parodie zu Schillers *Die Jungfrau von Orleans* dar. Das beginnt mit dem parallel angelegten Titel – dessen Unterschied zwischen „Orleans" und „Schlachthöfe" bereits eine parodistische Konstruktion ist – und endet mit den textlich fast gleichen Vorgängen der Apotheose Johannas, wobei auch hier der Gegensatz von „Himmel" (Schiller) und „Szene" (Brecht) die parodistische Konstruktion wiederholt. Einzelne Szenen, Dialogführungen usw. führen die Parodie des klassischen Stückes durch.

→ Daneben werden zahlreiche einzelne Dichtungselemente von Goethe bis Hölderlin zitiert und dabei in ihr Gegenteil verkehrt.

3.3   Aufbau

So wird die chorische Erlösung Fausts in Goethes *Faust II*
parodiert, indem sie in ähnlicher Form und vergleichbarer
Metaphorik wiederholt wird (S. 148 f.), ihren ursprünglichen
Gehalt aber aufgegeben hat und dadurch das klassische Ende
bis zur Bedeutungslosigkeit verfremdet: So schön die Verse
Maulers und seiner verbündeten „Schlächter und Viehzüchter"
(S. 149) klingen, so wenig haben sie noch Bedeutung.

3.4 Personenkonstellation und Charakteristiken

3.4 Personenkonstellation und Charakteristiken

ZUSAMMEN-FASSUNG

Die Personenkonstellation entsteht durch den Gegensatz zwischen den Hauptgestalten Mauler und Johanna; sie wird ausgeweitet durch den Gegensatz von Personengruppen, einmal den nur scheinbar bestehenden Gegensatz zwischen Viehzüchtern, Aufkäufern und Schächtern einerseits und den *Schwarzen Strohhüten* andererseits und zum anderen durch den grundsätzlichen Widerspruch zwischen Unterdrückten und Unterdrückern, zwischen denen, die „unten sind", und denen, die „oben sind" (S. 144), Arbeitern und Kapitalisten bzw. Heilsverkündern.

Johanna versus Mauler

Die wichtigste Personenkonstellation betrifft Johanna und Mauler. In ihr findet sich nicht nur der ursprüngliche Gegensatz von Mann und Frau, der als geschlechtlicher Gegensatz im Stück selten benutzt, allenfalls erwähnt wird (S. 78), sondern der zwischen Arm und Reich, zwischen verirrtem Glauben und konsequentem Nutzen kapitalistischer Realität, zwischen einem männlichen und einem weiblichen Typ des faustischen Menschen der Gegenwart. John Fuegi führt diese Gegensätze auf den Widerspruch zwischen Elisabeth Hauptmann und Bertolt Brecht – zwischen der „Titelfigur, einer typischen Hauptmann-Schöpfung", und „der erzbrechtischen Figur des Mauler"[62] – zurück; dies geht jedoch an der dramatischen Konzeption des Stückes vorbei und übersieht zudem die gegensätzlich geartete soziale Begründung des Verhaltens der Gestalten. Zu beiden gehören Gruppen, die Gegenstand, Betroffene und Ziel ihrer

---

62 Fuegi, S. 368.

3.4   Personenkonstellation und Charakteristiken

DER GEGENSATZ ZWISCHEN DEN HAUPTGESTALTEN MAULER UND JOHANNA

Pierpont Mauler, der Mann	**Johanna Dark,** die Frau
Vorbild: der US-Amerikaner John Pierpont Morgan	Vorbild: Jeanne d'Arc, die Französin
Name bedeutet: to maul = übel zurichten	Name bedeutet: dark = dunkel
Fleischkönig, Philanthrop	Wohltätigkeitsverfechterin, kapitalistische Heilige
agiert an der Börse	agiert im Wohlfahrtsverein
lebt ein sehr irdisch-säkulares Leben	verweist auf ein Leben im Jenseits
fühlt mit Johanna, ohne ihre Ansichten zu berücksichtigen	glaubt an Mauler, erkennt nicht seine Grenzen
führt einen vernichtenden Konkurrenzkampf	glaubt an Gewaltlosigkeit
reich, gerissen	arm, naiv
bestimmt von der Wirtschaft (der Börse), die seine Handlungen koordiniert	bestimmt (scheinbar) von ihrem Glauben, der sich auf den gesunden Menschenverstand beruft
beherrscht die Realität	wird von der Realität beherrscht
wird zu einem Herrscher im alten System	entwirft schließlich ein neues System
männlicher, zerstörerischer Faust: Sein Wissen rührt von den Briefen der Freunde her, die sich aus dem Börsenolymp, der Wallstreet, melden.	weiblicher, zukunftsoffener Faust: Ihr Wissen rührt von den drei Gängen in die Tiefe her und führt zu Erkenntnissen.
Er unterwirft sich den ökonomischen Gesetzen.	Sie begehrt am Ende gegen diese Gesetze auf.
Redegewaltig steht er am Ende des Stücks.	Sie wird am Ende zum Verstummen gebracht.

Tätigkeit sind. Lediglich die Arbeiter haben keinen individuellen Repräsentanten und erscheinen als soziale Klasse. Das Personenverzeichnis bietet hierarchische Differenzierungen. Einerseits wer-

Gegensätze zwischen Gruppen

3.4 Personenkonstellation und Charakteristiken

den militärisch anmutende Dienstgrade der Heilsarmee verwendet, andererseits finden sich wirtschaftliche Bezeichnungen. Eine Grauzone wird angedeutet mit Bezeichnungen wie „Makler" und „Spekulanten". Durch diese Berufsbezeichnungen wird das Stück auf das späte 19./20. Jahrhundert verwiesen.

Johanna Dark

Für gewaltfreie Veränderung

Brechts Hauptfigur sollte ursprünglich Lillian Holiday heißen, wurde aber dann nach der historischen Jeanne d'Arc genannt. Ihr Name Dark bedeutet auch engl. „dunkel", ein Hinweis auf die Organisation, die sie vertritt: Sie ist fünfundzwanzig Jahre, Leutnant der *Schwarzen Strohhüte*, einer Wohltätigkeitsorganisation ähnlich der Heilsarmee, und ein naives Mädchen mit unentwickelter Intelligenz, das einen gewaltfreien Weg zu gesellschaftlichen Veränderungen predigt, aber seine Schwäche erkennt, als es zwar die Vision der Führung der Massen hat, aber vor den revolutionären Konsequenzen versagt. Bereits in dieser Skizzierung wird deutlich, dass die Gestalt aus mehreren Möglichkeiten zusammengesetzt wurde und sich auch der ursprüngliche Typ des naiven Landmädchens noch darin findet.

Die „unwissende Güte"

Brecht hat in einem Brief ihren Charakter auf die präzise Formel gebracht, sie sei „die unwissende Güte"[63]. Sie bekommt deshalb Angst um ihr Leben und versagt im Kampf. Ihre Naivität war die Voraussetzung, um sie im Sinne der kapitalistisch-ökonomischen Interessen Maulers manipulieren zu können. Gleichzeitig setzen sich bei Johanna Erkenntnisse durch, dass eine Änderung der gesellschaftlichen Verhältnisse nur mit Gewalt geschehen kann. Doch kommen ihr diese Einsichten zu spät. Da sie außerdem bei einem konkreten Kampfauftrag versagt und der Streik dadurch misslingt,

---

63 Brecht: *Briefe*, Bd. 1, S. 505 (Brief an Eric Bentley, August 1946).

3.4   Personenkonstellation und Charakteristiken

wird sie von den Vertretern des Kapitalismus zur Heiligen im kapitalistischen System stilisiert. Johannas Absicht ist es, mit (christlichen) Reformen die Armut zu beheben, um dadurch die „ganz grobe(n) sinnliche(n) Genüsse" (S. 16) der Armen zu beseitigen, denn sie hat erkannt, dass dieser Zustand nicht der Grund, sondern die Folge der Armut ist. Aber sie will das System als Ganzes dabei letztlich nicht verändern; sie setzt dafür auf Gott und ist aus Sicht von Brechts marxistischem Weltbild durch ihr Verhalten und ihr Schicksal der Beweis dafür, dass der gesunde Menschenverstand, auf den sich Menschen gern berufen, in ökonomischen Widersprüchen wie dem von ihr erlebten nicht ausreicht – wie auch in den zugehörigen politischen Widersprüchen nicht –, um die Zusammenhänge zu erkennen, sondern der gesunde Menschenverstand ermöglicht ihr nur ein punktuelles Mitfühlen.

Gesunder Menschenverstand reicht nicht

Johanna Dark weist Parallelen mit Schillers Johanna auf: Beide sind unverbildet und deshalb offen für große Aufgaben, beide treten an die Spitze von organisierten Einheiten – einmal der französischen Armee, zum anderen der *Schwarzen Strohhüte* –, und beide sind ohne Bindungen an einen Mann. Brechts Johanna stirbt wie Schillers Johanna im Kampf, nur ist er, im Gegensatz zum Kampf von Schillers Johanna, unsinnig gewesen, weil er mit den falschen Mitteln geführt worden ist. Deshalb können Heilsarmee und Fleischkönig sie gegen ihren Willen und nur, indem sie sie stumm machen, für ihre Tätigkeit in Anspruch nehmen, „gestorben an Lungenentzündung auf den Schlachthöfen, im Dienste Gottes, Streiterin und Opfer" (S. 148).

Parallelen zu Schillers Johanna

Johanna gilt als erste der großen Frauengestalten, die in Brechts Dramatik zu finden sind, und die mit Pelagea Wlassowa (*Die Mutter*), der stummen Kattrin (*Mutter Courage und ihre Kinder*) und Grusche (*Der kaukasische Kreidekreis*) fortgesetzt wurden.

3.4 Personenkonstellation und Charakteristiken

ÜBEREINSTIMMUNGEN UND GEGENSÄTZE DER BEIDEN JOHANNA-GESTALTEN

Schillers Jungfrau von Orleans **Jeanne d'Arc**	Brechts Jungfrau von Chicago **Johanna Dark**
⚜ ist ein naives Mädchen vom Lande	⚜ ist ein naives Mädchen[64]
⚜ Frau ohne Bindung bzw. männlichen Partner	⚜ Frau ohne Bindung bzw. männlichen Partner
⚜ greift ein, als der König aufgeben will	⚜ greift ein, als der Fleischkönig alles verkaufen will
⚜ kommandiert die französische Armee	⚜ kommandiert die Heilsarmee
⚜ handelt im höheren Auftrag ihres Glaubens	⚜ handelt im höheren Auftrag ihres Glaubens
⚜ lebt in Gottvertrauen	⚜ lebt in Gottvertrauen
⚜ wird verstoßen und rehabilitiert, führt die Armee zum endgültigen Sieg	⚜ wird verstoßen, zwar wieder aufgenommen, aber ohne wieder Führungsmacht zu bekommen
⚜ stirbt im Kampf und wird zur Heiligen erhoben	⚜ stirbt an Lungenentzündung und wird zur Heiligen erhoben
⚜ ruft die Truppen zum Kampf und geht in diesen	⚜ militärische Reden, aber sonst auf Güte setzend
⚜ führt einen Krieg für das Vaterland	⚜ verabscheut anfangs jede Gewalt
⚜ siegt und setzt ihre Ziele durch	⚜ verliert und setzt ihre Ziele nicht durch
⚜ repräsentiert ihren König und das Vaterland	⚜ steht gegen den Fleischkönig und seine Partner

Pierpont Mauler

„Fleischkönig" von Chicago

ist Fleischproduzent, dabei der „Fleischkönig" (S. 6 f.) von Chicago. In seinem Familiennamen steckt „maul" (to maul = übel zurichten); sein Vorname erinnert an den in jener Zeit berühmten Bankier John Pierpont Morgan (1837–1913). Einige Aktionen

---

64 In der frühen Fassung, die um 1900 spielt (Fassung des *Berliner Ensembles* von 1968), ist Johanna nicht Leutnant der Schwarzen Strohhüte, sondern ein Neuankömmling vom Land.

3.4 Personenkonstellation und Charakteristiken

Maulers, wie der Aufkauf aller Fleischbestände, ähneln Geschäften Morgans, der z. B. reparaturbedürftige Gewehre aufkaufte und sie als normale Gewehre an die Armee verkaufte. Mauler wird dadurch nicht nur zu einer aktuellen Gestalt in der Krise, sondern wird mit Merkmalen der amerikanischen Gründerzeit ausgestattet, in der es Versuche gab, wirtschaftliche Interessen und menschliches Verhalten in Übereinstimmung zu bringen. Deshalb sieht sich Mauler auch als Philanthrop: Er möchte ein guter Mensch sein, ohne den Kapitalismus zu beschädigen oder einzuschränken. Am Beispiel seiner Wirtschaftspolitik und der daraus entstehenden Arbeitslosigkeit wird der Mechanismus kapitalistischer Geschäfts- und Konkurrenzpraktiken sowie der daraus entstehenden Krisen vorgeführt.

Sieht sich selbst als Philanthrop

Johannas Ideen sind Mauler nicht fremd, er fühlt sogar mit ihr, weiß jedoch, dass ihre Haltung nicht mit wirtschaftlichen Interessen vereinbar ist. In diesem Widerspruch setzt sich der ökonomische Zwang durch, den er mit Brutalität und Rücksichtslosigkeit verwirklicht; die gute Absicht bleibt Maskerade. Der zwiespältige Charakter Maulers wird bereits in der ersten Szene deutlich, wenn er wegen scheinbarer seelischer Erschütterung durch das Töten der Tiere tatsächlich nur seine ökonomische Position retten will: Die Philanthropie ist Maske, der wahre Charakter ist durch Betrug geprägt. Wenn Brecht von der heutigen Entwicklungsstufe des „faustischen Menschen" spricht (vgl. S. 108 dieser Erläuterung), ist unter anderem Mauler damit gemeint. In seiner Brust wohnen zwei Seelen. Mit dieser Erkenntnis wird es ihm möglich, die Welt als rücksichtsloser Ausbeuter zu beherrschen und trotzdem den Anschein eines mildtätigen Menschen zu erwecken. Diesen Mauler „eher als Karikatur denn als dramatische Figur"[65] zu sehen, übersieht die Gefährlichkeit dieses scheinbar gefühlvollen Kapitalisten.

Gute Absichten als Maskerade

---

65   Fuegi, S. 370.

3.4 Personenkonstellation und Charakteristiken

Mauler (Manfred Karge) inszeniert sich als Retter des Fleischmarktes in einer Inszenierung von Claus Peymann (Berliner Ensemble 2003) © ullstein bild – Lieberenz

Mephisto-Züge

Makler Sullivan Slift

Der Makler ist ein Mitarbeiter Maulers, der Johanna durch die Abgründe, „in die Tiefe" (S. 33) der Gesellschaft führt. Er ist ein gerissener Ganove, der aus den Regeln des ökonomischen Systems seinen Nutzen zieht. Aber er überreizt die Spekulation und führt die Viehbörse damit in den Ruin, der nur dadurch behoben werden kann, dass die Börse der Wallstreet zur Festigung des Systems Reduktionen verordnet. Er trägt mephistophelische Züge, vor allem in der Szene 4, wenn er Johanna beim zweiten Gang in die Tiefe begleitet. – Slift entspricht im Ensemble der Gestalt des Dunois in Schillers *Jungfrau von Orleans*; der entscheidende Hinweis dafür

3.4 Personenkonstellation und Charakteristiken

ist, dass er sich für Mauler ausgeben muss (S. 28) wie bei Schiller Graf Dunois für den König Karl VII. (1. Aufzug, 10. Auftritt).

Fleischfabrikanten

Sie sind Partner und Konkurrenten von Mauler, der reicher und raffinierter ist als sie und vor allem über bessere Kontakte zur Börse (Wallstreet) verfügt und so die künftigen Entwicklungen früher kennt, wodurch er seine Partner ausschalten kann („Der blutige Mauler hält / Unsern Ausbeuter am Hals". S. 11). So werden sie „Opfer des erbitterten Konkurrenzkampfes" (S. 11), Hinweis darauf, dass die Krise in diesem Fall, wie in der Weltwirtschaftskrise 1929, auch die Unternehmer trifft (vgl. S. 21 f. dieser Erläuterung).

Maulers Konkurrenten

Arbeiter

Sie treten als Gemeinschaft, Gruppe oder Klasse auf und repräsentieren bereits bei ihrem ersten Auftritt „siebzigtausend Arbeiter" (S. 9) aus einer Fleischfabrik. Es sind deshalb keine Individualisierungen möglich, sondern die auftretenden Arbeiter sind allein an ihrer Arbeit, der Arbeitszeit und an ihren Löhnen interessiert. Sie werden ausschließlich sozial charakterisiert und haben keine individuellen Züge. Ihre Gesprächsgegenstände sind neben der Arbeit die Animalisierung des Menschen durch die Arbeit („Hier / Stehen eure Ochsen", S. 10). Zwar planen ihre Führer den gewaltsamen Generalstreik (S. 96), da jedoch weder eine funktionierende Organisation noch ein gemeinsames Wissen von den Mitteln vorhanden ist – Johannas Ablehnung der Gewalt –, bewegt sich diese Arbeiterschaft auf einer vorrevolutionären Grundlage.

Treten als Klasse auf

Die *Schwarzen Strohhüte*

Sie sind eine fiktive Wohltätigkeitsorganisation ähnlich der Heilsarmee (vgl. S. 79 dieser Erläuterung). Johanna steht zu Beginn an

Ähneln der Heilsarmee

3.4 Personenkonstellation und Charakteristiken

der „Spitze eines Stoßtrupps der Schwarzen Strohhüte" (S. 12). Um die Verwirrung der Zeit zu beseitigen und die „Unruhen" (S. 12) zu beenden, sollen die Menschen wieder zu Gott geführt werden, in dem die *Strohhüte* die „einzige Rettung" (S. 12) sehen. Die Armut komme nicht aus den Produktionsverhältnissen, sondern weil die Menschen „keinen Sinn für das Höhere" (S. 16) haben. Deshalb verteilen sie ihr Traktat, singen und geben Suppe aus. Sie gehen auf die Krise ein, die den Unternehmern mehr schade als den Arbeitern. Sie müssen erkennen, dass sich die Arbeiter weder auf ihre Argumentationen noch auf ihre Versprechungen einlassen. Doch weisen sie Johannas Ansinnen, nach dem Schuldigen für die Situation – insbesondere für die hohe Zahl der Arbeitslosen – zu suchen, schroff zurück. Sie entsprechen Brechts *Erklärung des Sinns* seines Stückes:

> „Riesige Teile der Arbeiterschaft, unzufrieden mit dem herrschenden gesellschaftlichen System, erklären diese Institutionen [wie Kirchen, Schulen, R. B.] für organisatorisch und geistig verknüpft und verbündet mit der gesellschaftlichen Ordnung, die für sie keine Lebensmöglichkeit mehr schafft, und wenden sich von bestimmten religiösen und moralischen Gedankengängen ab."[66]

---

[66] Bertolt Brecht: *Erklärung des Sinns der* Heiligen Johanna der Schlachthöfe. In: Brecht: Schriften zum Theater, Bd. 2, S. 149.

3.5 Sachliche und sprachliche Erläuterungen

3.5 Sachliche und sprachliche Erläuterungen

S. 3	**Titel** *Die heilige Johanna der Schlachthöfe*	Er weist auf zwei Vorlagen hin, Friedrich Schillers *Die Jungfrau von Orleans*, zu der Johanna assoziiert wird, und George Bernard Shaws *Die heilige Johanna*. Beide widmen sich der französischen Nationalheiligen Jeanne d'Arc. Im Widerspruch zu dieser klassisch orientierten Thematik stehen die „Schlachthöfe", die auf das Lehrhaft-Abstrakte einer ökonomischen Fragestellung aufmerksam machen.
S. 6	**Johanna Dark**	Der historische Name wird verändert, aus dem Vornamen Jeanne wird Johanna wie bei Schiller, der Familienname wurde amerikanisiert, aus d'Arc wird Dark (Dunkel).
	Schwarze Strohhüte	Sie sind bei Brecht eine Wohltätigkeitsorganisation, die der Heilsarmee vergleichbar ist, die 1865 als freikirchliche Vereinigung in England gegründet wurde und bis heute mit etwa 1,7 Millionen Mitgliedern als internationale Bewegung Sozialarbeit und christliche Verkündigung verbindet.[67]
	(Ort und Zeit)	In der benutzten Fassung fehlen beide Angaben im Vorspann. In der sogenannten *Bühnenfassung von 1931* werden „Ort: Chicago" und „Zeit: um 1900"[68] angegeben.
S. 7	**Pierpont**	Zweiter Familienname von Mauler, stammt von der Mutter des Bankiers John Pierpont Morgan. Deren Bruder war James Lord Pierpont, der das Weihnachtslied *Jingle Belle* schrieb.

---

67 Weitere Informationen finden sich hier: https://de.wikipedia.org/wiki/Heilsarmee (Stand: Oktober 2015).
68 Brecht: *Bühnenfassung*, S. 9.

3.5 Sachliche und sprachliche Erläuterungen

	Erinnere, Cridle, dich, wie wir vor Tagen	jambischer Fünfheber, anklingend an die Eröffnung von Schillers *Don Karlos* „Die schönen Tage in Aranjuez ..." Die Textpassage nimmt in Rhythmus – dem feierlichen fünffüßigen reimlosen Jambus – und sprachlicher Wendung die Grundstruktur auf, die in Shakespeares Königsdramen und bei Schiller zwischen einer Hauptperson und ihrem Vertrauten herrscht.
	Ochsen	Der Begriff für Schlachtvieh wird im Stück zur Metapher, denn die entlassenen Arbeiter fühlen sich wie schlachtreife Ochsen behandelt (S. 10). Mauler geht mit den Konkurrenten auch wie mit zu schlachtenden Ochsen um (S. 29 f.) und stellt sie und das zu kaufende Schlachtvieh gleich (S. 94 f.) u. a. m.
S. 8	**sieben / Jahre**	Die Sieben als eine mythische Zahl der Bibel, des Märchens usw., vor allem als Zahl der Schöpfung und Rettung, spielt eine große Rolle im Stück. Das *Berliner Ensemble* inszenierte 1968 eine frühe Fassung des Stückes als Schöpfungsgeschichte in sieben Tagen. Mauler ist sieben Jahre im Geschäft, siebzigtausend Arbeiter wurden durch Maulers Feldzug gegen Lennox entlassen (S. 9). Sieben Tage fällt Schnee auf die Arbeitslosen (S. 73) und lässt sie unsichtbar werden; sieben Tage stehen sie auf den Schlachthöfen (S. 120). Johannas Erkenntnisprozess über die Macht der Armen dauert sieben Tage, ehe sie ihn erstmals verkündet (S. 87). Ein paralleler Vorgang bei Mauler, er klagt sich scheinheilig des „Mißbrauchs der Gewalt" (S. 122) an, wobei die Stadt Chicago „verreckt war" (S. 122), sein Verbrechen an Chicago dauerte ebenfalls sieben Tage

3.5   Sachliche und sprachliche Erläuterungen

		(S. 122); „am siebenten" (S. 122) trat er zur Reue an. Sieben Stunden dauerte die „Schlacht" (S. 125) an der Börse. Der Sieben gegenüber steht die Drei, Johannas dritter Gang (s. d.).
S. 11	**Philanthropen**	Menschenfreund; wie fragwürdig diese Bezeichnung von Anfang an ist, wird darin deutlich, dass die Boulevardpresse sie auf Mauler anwendet. Die Philanthropie, die Förderung des Gemeinwohls durch private Mittel, hat gerade in den USA bis heute unter Vermögenden Tradition.
S. 12	*Johannas erster Gang in die Tiefe*	Insgesamt geht Johanna dreimal in die Tiefe; es sind die Wege in die Schlachthöfe, zu den Armen, zuerst zu den Arbeitern der bankrotten „Lennoxschen Fleischfabriken" (S. 13), dann sucht sie die von Slift ausgewählten Beispiele der schlechten Menschen auf (S. 33), schließlich Johannas Gang zu den Arbeitslosen, begleitet von Gloomb und Frau Luckerniddle (S. 87). Solche Wege in die Tiefe haben literarische Vorbilder; am bekanntesten wurde Dantes *Göttliche Komödie*, in der Vergil und andere Begleiter Dante in die Tiefe der Hölle begleiten.
S. 13	**die Untersten**	Die *Schwarzen Strohhüte* bezeichnen die Ausgebeuteten nicht als solche und nicht einmal als Arbeiter, sondern als die Untersten und geben damit zu erkennen, dass sie keine ökonomischen Kategorien und Begriffe zu verwenden gedenken. Sie sind identisch mit den „Armen" im Personenverzeichnis (S. 6).
S. 16	**Vögel unter dem Himmel ... Lilien auf dem Felde**	Johanna verwendet Bibelzitate, die sich bei Matthäus 6, 26–28 und Lukas 12, 27 finden.

3.5   Sachliche und sprachliche Erläuterungen

S. 21	**Von Stufe zu Stufe**	Die Verse ähneln der 3. Strophe aus Hölderlins *Hyperions Schicksalslied* „Doch uns ist gegeben, / Auf keiner Stätte zu ruhn, / Es schwinden, es fallen / die leidenden Menschen / Blindlings von einer / Stunde zur andern…". Kurz darauf wird das *Schicksalslied* erneut paraphrasiert, nicht mehr auf den Menschen, sondern auf Schweine angewendet: „Das Schwein / Schlachtet sich selbst. Und macht sich selbst zu Wurst. / Denn nun, fallend von Stock zu Stock, verlassen / von seiner Haut (…) drängt's durch sein eigenes / Gewicht nach unten in die Blechbüchs." (S. 23 f.) Das Motiv des Sturzes baut sich zu einem Leitmotiv auf, denn Mauler sieht ebenfalls den „Sturz der / Von oben nach unten durch Jahre / Ohne Unterlaß zur Hölle fließenden / Brüllenden Menschheit" (S. 60). Johanna, die die Notwendigkeit der Gewalt ahnt, aber vor dieser zurückschreckt, steigt „von Stufe zu Stufe" zu den „Untersten", um sie von der Gewalt zurückzuhalten (S. 112). Der Fleischfabrikant Graham berichtet über den Zusammenbruch an der Börse, den Preisen „war es gegeben, von Notierung zu Notierung zu fallen" (S. 127).
S. 22	**O guter Lennox**	Lennox ist das erste Opfer Maulers unter den Unternehmern; angesprochen wird er vom Unternehmer Graham wie in klassischen Dichtungen (Goethes *Ballade*, „Herein, o du Guter) oder im Volkslied („O Guter Mond…..").
S. 34	**Blattspeck**	Speck in Blattform, mit dem Rouladen sich füllen bzw. Fleisch, Fisch und Obst beim Braten umwickeln oder belegen lassen (Speckkipferln, Speckdatteln usw.).

3.5 Sachliche und sprachliche Erläuterungen

S. 43	**Und ein Schweigen ward über den Bergesgipfeln... usw.**	Die Todesnachricht für den Fleischhandel wird der Beschreibung des Todes Jesus Christus am Kreuze nachgestaltet, vgl. Lukas 23, 44–45.
S. 56	**dem Ochsen, der da drischet …**	Spruch aus der Bibel 5. Moses 25, 4. Gemeint ist, dass man dem arbeitenden Ochsen, der den Göpel (Drehvorrichtung) zum Dreschen bewegt, nicht das Maul verbinden solle, um ihn am Fressen zu hindern.
	Wann ermangelt je das Brot...	Das Lied der *Schwarzen Strohhüte* korrespondiert mit der biblischen Auffassung, Christus sei das Brot des Lebens. Deshalb wird der Begriff „Brot" auch in den folgenden Passagen als Symbol für das Weiterarbeiten (S. 57) verwendet.
S. 61, 65	**Atlas**	griech.: Träger; ein Titan, wie sein Bruder Prometheus Sohn von Iapetos, der zur Strafe für die Teilnahme am Titanenkampf gegen Zeus die Himmelskugel auf seinen Schultern tragen musste. Während sich dieser Atlas in himmlischen Gefilden bewegt, würde der Träger der Fleischbüchsen, die unverkäuflich sind, in die niedersten Bereiche gelangen, „unter die Brückenbögen" (S. 61), zu den Ausgestoßenen, Obdachlosen, Asozialen.
S. 65	**Saturn**	röm. Bauern- und Erntegott, Vater des Jupiter (Zeus), entspricht dem griech. Kronos. Sein Fest trug den Charakter eines Karnevals und beteiligte auch die Sklaven an den Feiern. Seine Lasten ebenfalls zu tragen wäre gleichbedeutend mit Leistungen für die Armen.

3.5 Sachliche und sprachliche Erläuterungen

S. 74	Gehherda	Dümmlich-naive Person, die helfen will, wo andere versagen. Später Titelgestalt des 1936/37 geschriebenen Stück-Fragmentes *Das wirkliche Leben des Jakob Gehherda oder Träume eines Dutzendmenschen* von Brecht, Mitarbeit Margarete Steffin. Gehherda ist zweiter Kellner in dem abgewirtschafteten Gasthaus *Zu den zwei Rittern*, in dem sich eine Männerrunde mit dem weiblichen Personal amüsiert. Der Kellner nimmt das leichtfertige Leben hin, denn die Gäste bedeuten Geld. Gehherda träumt sich in eine Ritterrolle, mit der er das Mädchen retten will.
S. 79	die Haut endgültig abzieh	Maulers Vorhaben taucht erstmalig im Filmexposé *Der Hamlet der Weizenbörse* auf und wurde Jay Fleischhacker und seiner Spekulation mit der Weizenbörse zugeschrieben.[69]
S. 82	Sein und Nichtsein	Anspielung auf ein berühmtes Zitat aus Shakespeares *Hamlet*, 3. Aufzug, 1. Szene. Doch während es bei Hamlet um den Gegensatz von Schicksal und Selbstbestimmung geht, sieht Mauler den Konflikt, der beste der Ausbeuter zu sein oder als Arbeiter „den dunklen Weg zum Schlachthof" zu gehen (S. 82).
S. 87	dritter Gang	Die Drei bekommt als mythische Zahl der Bibel (die Dreifaltigkeit) und des Märchens (die drei Wünsche, Fragen usw.) eine ähnliche Bedeutung wie die Sieben, nur verbindet sie sich bevorzugt mit der Tiefe, der Zerstörung, der Armut, dem „Sumpf" (S. 113) und den „Untersten" (S. 112),

---

69 Brecht: *Texte für Filme*, S. 55.

3.5 Sachliche und sprachliche Erläuterungen

woraus ein dreistufiger Wandlungsprozess entsteht. Johanna steigt dreimal „in
die Tiefe", ihr letzter Gang in die Tiefe ist
„dreitägig" (S. 112), „dreitägig" wurde
sie gesehen „im Sumpf der Schlachthöfe"
abwärts schreitend (S. 112). Am „dritten"
Tag wurde sie schwächer (S. 113). – „Drei
Arbeiter" (Leute) (S. 99, 104, 113) sollen
von ihr den Brief zum Generalstreik emp-
fangen. Nachdem der Viehpreis zu hoch
getrieben wurde, wird es nicht mehr ver-
kauft und selbst eine Senkung auf „dreißig"
(S. 114) hilft nicht mehr. Drei Tage vor der
Kündigung des Lokals der *Schwarzen Strohhüte* hatte ein Bote Maulers angekündigt,
dass die Miete bezahlt würde (S. 119). Statt
dessen kommen „drei Arme (…), darunter
Mauler" (S. 120). An der Börse wurde das
letzte Aufgebot an Tieren in drei Tagen
„aus Argentinien und Kanada" (S. 126)
herbeigeschafft, und beim Fall der Preise
blieben diese bei „dreißig" stehen (S. 128).
Die Bewältigung der Krise geschieht durch
Vernichtung eines Drittels des Viehs, der
Entlassung eines Drittels der Arbeiter und
der Kürzung eines Drittels des Lohnes (S.
132 ff.).

| S. 90 | **gekornert** | Um einen „Corner größten Stils"[70] handel- |
| | | te es sich auch bei Jay Fleischhacker im |

Filmexpose *Der Hamlet der Weizenbörse*.
Brecht erklärt an dieser Stelle den Corner
(„Über diesen Corner muss man einiges

---

70 Ebd., S. 55.

3.5   Sachliche und sprachliche Erläuterungen

		wissen, um die Geschichte zu verstehen."): es handelt sich um einen planmäßigen Kursanstieg, um die Konkurrenz in Schwierigkeiten zu bringen. Fleischhacker kaufte auf dem Terminmarkt im Herbst zu einem bestimmten Preis Weizen auf, der aber erst im Dezember zu liefern sei. Die Verkäufer dieses Weizens hofften, dass sie den Weizen im Dezember niedriger einkaufen könnten, um aus der Differenz zu dem Gebot Gewinn zu machen. Fleischhacker aber kaufte inzwischen tatsächlich allen vorhandenen Weizen auf, so dass die Verkäufer die vereinbarte Weizenmenge nicht liefern konnten, der Preis für Weizen sprunghaft in die Höhe ging und sie diesen teurer von Fleischhacker erst selbst abkaufen mussten, ehe sie den Weizen wieder an Fleischhacker zurückverkaufen konnten. Dieser illegale Vorgang, bei dem es einem Marktteilnehmer gelingt, durch vollständigen Aufkauf den Preis einer Ware zu diktieren, wird in der Börsensprache als „Corner" bezeichnet.
S. 105	**Vor die Not nicht am höchsten ist**	Variation eines bekannten deutschen Sprichworts und Aphorismus „Wenn die Not am größten ist, ist Gott am nächsten", jedoch auch hier Verfremdung, indem nicht Gott am nächsten ist, sondern die Fleischproduzenten.
S. 133	**Mühseligen und Beladenen**	Mauler bedient sich eines Spruches von Jesus, der zu den Mühseligen und Beladenen sprach, dass er sie erquicken wolle (Matthäus 11, 28). Der Bibeltext wird nicht nur säkularisiert, sondern auch parodiert, denn Mauler ist der Letzte, der diesen Menschen helfen will, zumal er soeben die Entlassung eines Drittels der Arbeiter verfügt hat.

3.5   Sachliche und sprachliche Erläuterungen

S. 146	*Schreckens-nachrichten*	Es handelt sich um aktuelle Vorgänge, insbesondere aus dem Jahre 1932: Die Arbeitslosenzahl in Deutschland hatte die 6.000.000-Marke erreicht; seit 1928 lief der erste Fünfjahresplan in der Sowjetunion; in England musste wegen des Ansturms auf die Bank of England der Zahlungsverkehr eingestellt werden. 1932 erschoss sich der Schwede Ivar Kreuger, als der von ihm gegründete „Zündholztrust" (S. 147) zusammenbrach.
	Der Fünfjahresplan gelingt!	Seit 1928 versuchte Stalin die Entwicklung der Sowjetunion hin zu einem modernen Industriestaat in Form von Fünfjahresplänen voranzutreiben.
S. 147	*Henry Fords Fabrik*	Henry Ford (1863–1947), Begründer des Automobilherstellers Ford Motor Company, revolutionierte die Herstellung durch Zerlegung der Produktion in kleine Einheiten („Fordismus", „Taylorismus") und war ein entschiedener Gegner von Gewerkschaften.

3.6 Stil und Sprache

3.6 Stil und Sprache

ZUSAMMEN-
FASSUNG

→ Es werden metaphorische Felder (Wortfelder) wie z. B. „Schlachthöfe" entwickelt; dazu gibt es sprechende Namen, Zitate (Bibelzitate) und Verweise. Eine besondere Rolle spielt die literarische Beziehung zu Schillers *Die Jungfrau von Orleans*.

→ Ein auffallendes Merkmal ist der Kontrast von Vers und Prosa, von klassischen Versen und Versstrukturen Brechts, von individuellem Sprechen und chorischen Beiträgen.

→ Sprachlich werden Schlachthöfe Chicagos zum Ausschnitt für die Welt entwickelt.

→ Ein sprachliches Experiment ist am Schluss die Konfrontation von Kirchengesängen und aktuellen Zeitungsmeldungen von 1932. Der Schein dominiert die Wirklichkeit.

Metaphorische Felder

Wortfeld „Schlachthaus"

Der Titel inspiriert mehrere metaphorische Felder bzw. **Wortfelder**. Eines davon bildet sich um das Schlachthaus, das sowohl konkrete Ortsbezeichnung als auch Symbol für die Welt ist. Hierzu gesellen sich das Attribut „blutig", Begriff und Metapher „Ochse" für das Schlachtvieh und den Arbeiter (S. 10). Vom Titel ausgehend wird das Wortfeld über das Personenverzeichnis („Fleischkönig", „Viehzüchter") und die Szenenanweisungen zur ersten Szene („Fleischkönig", „Schlachthöfe") in die Exposition (Brief) getragen: „Fleischmarkt" (S. 7). Nach diesem Umriss des Wortfeldes wird es im Dialog ausgebaut, die verschiedenen Wortarten einbeziehend und sich nicht nur auf Substantive beschränkend. Von hier aus wird es konti-

3.6   Stil und Sprache

nuierlich durchgeführt: „Schlachthof", „Packmaschine", „Ochsen", „blutig" usw.

Ein **zweites Wortfeld** wird ebenfalls im Personenverzeichnis eröffnet und bezieht sich auf Börse und Börsenbetrieb: „Makler", „Spekulanten". Es wird parallel zum ersten Wortfeld geführt und damit als mit ihm verknüpft ausgewiesen: „Fleischmarkt", „Zollmauern", „Fleischhandel"; selbst die „lieben Freunde aus New York" (S. 7) und ihr Brief, dem weitere Briefe ähnlichen Inhalts zur Spekulationsanweisung folgen, lassen die New Yorker Wallstreet vermuten, die später auch genannt wird (S. 130).

Wortfeld „Börse"

Ein **drittes Wortfeld** wird begründet durch Johanna Dark, die einmal als Name verwendet wird und zum anderen als Symbol der naiven Retterin, der Jeanne d'Arc. Wie bei Mauler ist ihr Name ein sprechender, denn er bedeutet „dunkel": Sie dringt im Verlauf des Stückes aus dem geistigen Dunkel, ihrer religiösen Befangenheit, heraus und löst sich von den *Schwarzen Strohhüten.*

Wortfeld um Johanna Dark

Ein **viertes Wortfeld** wird durch den Begriff „heilig" eröffnet und betrifft den Einsatz von Bibelzitaten, christlichen Namen usw., aber auch die Beziehung zur literarischen Vorlage, Friedrich Schillers *Die Jungfrau von Orleans*; die Titelgestalt wird in beiden Stücken am Ende als Heilige inthronisiert. Nichts stellt den Gegensatz deutlicher aus als diese Übereinstimmung:

Wortfeld „heilig"

→ **Schiller** lässt seine Johanna – entgegen den historischen Vorgängen, bei denen Johanna verbrannt und erst viel später rehabilitiert wurde – zur Nationalheiligen des aus den Wirren des Hundertjährigen Krieges hervorgehenden modernen französischen Nationalstaates werden, mit dem das Ende des Mittelalters begann.

→ **Brecht** macht aus seiner Johanna – indem er sie in der Schlussszene gleichsam stumm macht, ihr „das Wort abschneidet" (S. 145) – eine „heilige Johanna der Schlachthöfe" der aus dem

3.6 Stil und Sprache

Konkurrenzkampf hervorgehenden Monopole, durch die eine neue Etappe der Ausbeutung und Unterdrückung erreicht wird.

Verfremdung, Kontraste, Parodie

Zitate und Verweise

Brechts Mittel der sprachlichen Verfremdung sind u. a. zahlreiche Zitate und wie Verweise wirkende Begriffe, z. B. das „listenreiche" Gehirn (S. 8): Es erinnert an den „listenreichen" Odysseus Homers. Auch Wortfolgen, die sich als Hexameter lesen lassen („Kärglich schwimmt das Fett in dem Süppchen ....", S. 15) weisen auf Homer

Inhalt versus Form

und wirken parodistisch, indem der Inhalt (Armensuppen) nicht der Form (Heldenepos) angemessen ist. Anderes nähert sich Luthers Bibelübersetzung (vgl. „Bergesgipfel", S. 83 dieser Erläuterung) mit den Beschreibungen von Jesus Tod am Kreuz (vgl. S. 43 und S. 83 dieser Erläuterung).

Arbeit mit Kontrasten

Ein auffallendes sprachliches Merkmal ist der Kontrast der formalen Mittel, zwischen **Vers und Prosa**, zwischen klassischen Versen und Versstrukturen Brechts, zwischen individuellem Sprechen und chorischen Beiträgen. Das gehört ebenfalls zum parodistischen Gestalten. Für Brecht war das zum grundsätzlichen Problem geworden. In seinem Aufsatz *Über Stoffe und Form* im *Berliner Börsen-Courier* vom 31. März 1929 erklärte er:

> „Schon die Erfassung der neuen Stoffgebiete kostet eine neue dramatische und theatralische Form. Können wir in der Form des Jambus über Geld sprechen? (...) Das Petroleum sträubt sich gegen die fünf Akte, die Katastrophen von heute verlaufen nicht gradlinig, sondern in Form von Krisenzyklen, die ‚Helden' wechseln mit den einzelnen Phasen, sind auswechselbar usw. (...)"[71]

---

71 Brecht: *Schriften zum Theater*, Bd. 1, S. 240–244, hier: 242. Brecht beantwortet die Frage der Redaktion „Welche neuen Stoffgebiete können das Theater befruchten?" und wurde gemeinsam mit Aussagen Zuckmayers, Ernst Zollers, Arnolt Bronnens u. a. veröffentlicht.

3.6 Stil und Sprache

Diese Überlegung bedeutete nicht, den Jambus aus den künstlerisch-formalen Möglichkeiten auszuscheiden, sondern ihm eine neue Funktion, eine entlarvende und parodistische zu geben. Im Zusammenhang mit der Aufführung in Dresden 1961 – der Erstaufführung in der DDR – gab der Regisseur Hannes Fischer der *Sächsischen Zeitung* ein Interview, in dem er die Verwendung der klassischen Versformen begründete:

Klassische Formen im Dienst der Parodie

> „Sie sind als Verfremdungsmittel gedacht. Indem Brecht die Börsenjobber in der hohen Form des klassischen Dramas sprechen lässt, entlarvt er die moralische Verlogenheit des Bürgertums, das seine räuberischen Praktiken als Ausdruck edlen Wollens hinzustellen beliebt, Begriffe, in denen sich einst humanistische, progressive Anliegen des aufsteigenden Bürgertums aussprachen, sind in der imperialistischen Ära zur Maske geworden, die zur Tarnung antihumaner Geschäftspraktiken dient."[72]

Eine auffallende sprachliche Struktur wird durch Antonyme erreicht, wie sie Johanna zuerst einsetzt. Vor dem Haus der *Schwarzen Strohhüte* beschreibt sie die Tätigkeit der Organisation und den Charakter der Zeit (S. 12): Es ist eine Zeit der Verwirrung, „Verordneter Unordnung / Planmäßiger Willkür / Entmenschter Menschheit"; diese Gegensätze gipfeln in der Polarität „Welt, gleichend einem Schlachthaus". Der Bezug zum Titel wird deutlich: Geboten wird ein Ausschnitt, die Schlachthöfe, dieser Ausschnitt steht für die Welt. Die Parabel wird durch das literarische Antonym „Welt-Schlachthaus" bestimmt: Schlachthöfe und Schlächter stehen für die gesamte Welt.

Antonyme

---

72 *Das Geschäft mit Gott.* Gespräch Hannes Fischers mit Lothar Ehrlich. Sächsische Zeitung, Dresden, vom 18. März 1961.

1 SCHNELLÜBERSICHT   2 BERTOLT BRECHT:
LEBEN UND WERK   3 TEXTANALYSE UND
-INTERPRETATION

3.6   Stil und Sprache

Brechts Schluss-
Experiment

    Ein sprachliches Experiment wird kurz vor Schluss eingefügt: Während Johanna ihre letzte Erkenntnis gewinnt und diese ausspricht, diese aber kaum zu hören ist (S. 146), weil sie von den Hosianna-Gesängen der *Schwarzen Strohhüte* übertönt wird, werden durch Lautsprecher **aktuelle Zeitungsmeldungen** in die Szene gespielt, die die wirtschaftliche Lage des Jahres 1932 charakterisieren. Sie wird geprägt von Zeichen des Zusammenbruchs in der westlichen Welt und von Erfolgsmeldungen aus der östlichen Welt, der Sowjetunion („Fünfjahresplan gelingt", S. 146), die ebenfalls – aus Sicht der Börsenspekulanten – unter „Schreckensnachrichten" (S. 147) firmieren. Die authentischen Nachrichten aus der Wirtschaftswelt werden mit Meldungen aus der Chicagoer Wirtschaftswelt konfrontiert. Die aus unterschiedlichen Bereichen stammenden Meldungen erscheinen synchron und beschreiben die katastrophale Situation, die von den Hosianna-Gesängen scheinbar befriedet wird. Der Schein dominiert die Wirklichkeit, in der bereits Johannas letzte Erkenntnisse erste Früchte zu tragen beginnen („Bevor man euch nicht aufhängt, wird es nicht besser!" S. 147).

3.7 Interpretationsansätze

ZUSAMMEN-FASSUNG

→ Das Stück wird durch die marxistische Lesart bestimmt, die Brecht und seine Mitarbeiter, insbesondere Käthe Rülicke-Weiler, mehrfach vorgegeben haben. Andere Ansätze sind nur durch Vereinseitigungen möglich.

→ Das Stück entstand im Angesicht der Krisen des Kapitalismus in der Absicht, die Unsinnigkeit dritter, reformistischer Wege im Klassenkampf nachzuweisen.

→ Brechts Johanna findet den Weg des organisierten Kampfes der Arbeiterklasse gegen das kapitalistische System, ohne ihn selbst beschreiten zu können. Sie nimmt Abschied von allen Formen der Gewaltlosigkeit und Güte und erkennt, für sie zu spät, Gewalt als einzige Kraft zur Veränderung an.

Es lassen sich für das Stück zwar unterschiedliche Interpretationen denken – und sie sind auch unternommen worden –, aber es gibt kaum ein anderes Stück, wo die fruchtbarste Lesart durch die zu Grunde liegende ökonomische Theorie (Marxismus), den zeitlichen Hintergrund der Weltwirtschaftskrise und die Absicht des Autors so eindeutig ist wie Brechts *Die heilige Johanna der Schlachthöfe*. Diese Lesart wurde von Käthe Rülicke-Weiler hervorgehoben:

Wenig Deutungsvielfalt möglich

„Brecht zeigt, wie sich in den großen Schlachten um Sein oder Nichtsein die Industriekönige auf der Börse schlagen. Er enthüllt das Bündnis zwischen Kapital und Kirche, zeigt, wie Ideologie gemacht wird, wem sie nützt und wer sie zahlt. Er demonstriert die Unversöhnlichkeit der Klassengegensätze und dass nur der

Unversöhnlicher Klassengegensatz im Zentrum

3.7 Interpretationsansätze

gewaltsame Umsturz der Gesellschaft und die Solidarität der Arbeiter diesen ein gutes Leben verschaffen können und fordert dazu auf."[73]

Eine andere Lesart als die, wie sie Brecht und seine Mitarbeiter, insbesondere Käthe Rülicke-Weiler, mehrfach vorgegeben haben, ist schwer denkbar oder nur unter Vernachlässigung des vorhandenen Materials zu leisten.

Brechts Wende zum Marxismus

Brecht schrieb sein Stück *Die heilige Johanna der Schlachthöfe* am Ende des 1920er Jahre (1929–1931) unter Einbeziehung der von ihm in diesen Jahren erworbenen materialistisch-dialektischen Erkenntnisse und im Angesicht der zyklischen Krisen, um dem Proletariat (Arbeiterklasse) ein Beispiel für die Unsinnigkeit dritter, reformistischer Wege (für den z. B. die Sozialdemokratie der Weimarer Republik warb) zu bieten. Es war die wichtigste Station bei Brechts Hinwendung zum Marxismus und zugleich die Überwindung der in seinen früheren Stücken dargestellten bloßen Abbildung des apokalyptischen Untergangs der kapitalistischen Welt. Dazu waren vielfältige Studien für Brecht nötig, die sich in der Stückstruktur niederschlugen. Hinzu kam, dass das Stück parallel zur Weltwirtschaftskrise von 1929 entstand, die sich in Deutschland besonders heftig auswirkte, zumal das Land noch mit den Folgen des Ersten Weltkrieges und der Inflation zu kämpfen hatte.

Plädoyer für gewaltsame Veränderung

Brechts Johanna geht den Weg bis zum organisierten Kampf der Arbeiterklasse gegen das kapitalistische System. Es ist für sie ein schwerer Weg, der ihr den Abschied von allen Formen der Gewaltlosigkeit, Barmherzigkeit und Güte bringt, aber auch den Verzicht auf jegliches Gottvertrauen und die Anerkennung der Gewalt als einziger Kraft zur Veränderung abverlangt. Dieser Weg soll für den

---

73 Rülicke-Weiler, S. 137.

3.7   Interpretationsansätze

Zuschauer am Ende des Stückes als wesentliche Erkenntnis für die
Zukunft zur Verfügung stehen, denn bei der Umsetzung der Erkenntnis hat Johanna in der Gegenwart versagt, weil sie ein letztes
Mal der Gewaltlosigkeit den Vorzug gab. Konsequent werden dabei im Stück die Kommunisten als jene Kraft gesehen, die eine
richtige Methode, einen richtigen Plan und eine richtige Lösung
hat: Sie planen Veränderungen („Leute, die etwas unternehmen",
S. 93), die den Herrschenden als „Verbrechen" (S. 93) erscheinen,
weil sie deren Macht zerstören wollen. Sie haben „recht behalten"
(S. 117), als sie für den Generalstreik die „Massen" zusammenhal-
ten wollten. Aber die sind auseinander gelaufen, zumal Menschen
wie Johanna versagt haben. Auch die Lösung der Kommunisten
wird in Brechts Stück genannt: Der Heilsarmeemajor Snyder warnt
vor den „Bolschewiken", die die Fabriken in ihre Hand nehmen und
verkünden, „daß jeder arbeiten kann und sein Essen habe" (S. 70).
Brechts Kommunisten sind zudem nicht auf privaten Besitz oder
individuelles Wohlergehen bedacht, sondern „für fremder Leute
Brot / Liefen sie ruhlos" (S. 136) und sind von frühem Tod bedroht,
„obgleich sie / Um geringen Lohn arbeiten und für viele nützlich
sind / Lebt keiner von ihnen seine Jahre zu Ende (...)" (S. 137). –
Brecht war sich bewusst, dass diese Klassenkämpfer nicht nur eine
geringe Individualität aufwiesen, sondern typisiert blieben. Zwar
waren in dem Stück individuell ausgebildete Konfliktpartner in Johanna und Mauler zu finden, nicht aber eine ähnliche Konstellation mit einem individualisierten Arbeiter. Arbeiter traten als Masse
auf, mindestens aber als „zwei Männer von der Zentrale und (...)
drei von den Elektrizitätswerken" (S. 135) – die Dreizahl findet sich
dabei häufig (vgl. S. 84 f. dieser Erläuterung) –, sprachen im Chor.
Ein Gesicht wurde den „Massen" sogar abgesprochen: „Ohne jedes
Gesicht oder Namen" (S. 101). Brecht sagte dem DDR-Theaterwis-

Idealisierung des Kommunismus

Entindividualisierte Kommunisten

3.7 Interpretationsansätze

senschaftler Ernst Schumacher, der diese Unterschiede zwischen Johanna, Mauler und den Arbeitern beschrieben hatte:

> „Ich habe darüber nachgedacht. Aber wie kann man es ändern? Wenn ich aus dem anonymen Arbeiterführer den Gewerkschaftsfunktionär Joe oder den Kommunisten Bill mache, ihm also ein scharfes Profil gebe, wird dann aus meinem Drama der Sozialreformerin und Kleinbürgerin nicht plötzlich ein ganz anderes Stück? Und wie kann ich die Massen anders darstellen als chorisch? Natürlich kann es nicht so bleiben, wie es ist, wenn wir das Stück aufführen wollen."[74]

Nur Lehre, keine Lösung

Wie oft in Brechts Stücken wird für den vorgestellten Vorgang eine Lehre vermittelt, aber keine endgültige Lösung gezeigt, sondern der Zuschauer soll und muss selbst diese Lösung entwerfen bzw. als theoretischen Lehrsatz übernehmen, in diesem Fall von Johanna, die ihn durch ihren Tod nicht mehr selbst in die Tat umsetzen kann. Das ergibt sich aus den **Forderungen des epischen Theaters an den Zuschauer**. Die von Brecht angebotene Lösung ist in erster Linie darin zu sehen, dass Reformbemühungen, wie sie anfänglich Johanna für das kapitalistische System vertritt, weder in religiöser Hinsicht noch in Form eines politischen Reformismus, sinnvoll seien. Die in Brechts Stück gezeigte Religion hat sich aus einer übersinnlichen, metaphysischen Verankerung verabschiedet und ist zum Dach des irdischen Warenverkehrs geworden: Ware ist Religion, die Börse ist das Allerheiligste und wird zur Kirche, Börsenspekulanten – Maulers Brieffreunde – werden zu Propheten,

---

74 Ernst Schumacher: *Er wird bleiben*. In: NDL (Neue Deutsche Literatur), Heft 10/1956, S. 18–28, hier: S. 23.

3.7   Interpretationsansätze

Warenproduzenten sind die Gläubigen, die geradezu rituell miteinander umgehen.

Mit Mitleid und Güte, mit Einsicht und Reformen, mit Gottvertrauen und Barmherzigkeit ist dieses ökonomische und gesellschaftliche System nicht zu verändern, so Brechts Stück. Vielmehr dienen sich für die Armen engagierende Menschen wie Johanna letztlich der Festigung des Systems, dessen Heilige nicht zufällig Johanna Dark wird, weil sie den Kapitalismus zu christianisieren versucht. Nach Ansicht Ernst Schumachers besteht Brechts „genialische Leistung (...) darin, den Zusammenhang der Vorgänge, abstrahiert in wissenschaftlichen Erkenntnissen, in einer szenisch-konkreten Handlung einsichtig gemacht zu haben."[75] Änderungen sind nach Brecht nur durch die Arbeiter selbst möglich, nicht durch ein abstraktes Vertrauen auf höhere Kräfte. Dass es sich um einen tödlichen Vorgang handelt, zeigt ein Symbol in den Schlachthöfen des Stückes, das blutige Bilder ermöglicht – „unser Geschäft ist blutig" (S. 7) – und grundsätzlich kontrastiv zu den Vorstellungen Johannas steht. Gleichzeitig sind die Schlachthöfe ein Symbol der Welt: „(...) solche Welt, gleichend einem Schlachthaus" (S. 12).

Absage an Reformen

Betrachtet man das Stück als Lehrstück, so wird das besonders an Johannas Entwicklung deutlich. Sie durchläuft einen **dreistufigen Wandlungsprozess**:

Johannas dreistufige Entwicklung

→ Fordert sie zuerst das Streben nach dem Höheren und damit Verzicht auf „niedere Genüsse" (S. 16), also eine Beibehaltung der vorhandenen Gesellschaftsstruktur,

→ so erkennt sie in einem zweiten Schritt die Armut als Ursache der Schlechtigkeit, aber sie glaubt, diese Armut bei Verzicht auf Gewalt mit Menschlichkeit und Güte überwinden zu können.

———

75 Schumacher: *Brecht-Kritiken*, S. 209.

3.7   Interpretationsansätze

→ Erst in einem dritten Schritt begreift sie, dass nur Gewalt in der
   Lage ist, die gesellschaftlichen Verhältnisse so zu verändern,
   dass die Armut der Arbeiter beseitigt werden kann.

Sie selbst kann diese Erkenntnis nicht mehr in die Tat umsetzen und
wird gerade deshalb zur Heiligen erhoben. Das Lehrstück jedoch
vermittelt ihre Erkenntnis an den Zuschauer, der sie für sich zum
Prinzip machen soll.

Alternative
Deutungen

Andere Interpretationen haben mit dem Anspruch Brechts und
mit der Absicht seines Stücks nichts zu tun, so die Ansicht, es handele sich um „das subtile Drama zwischen kleinem armen Kind
und großem reichem Mann"[76], oder die Ansicht, die Schlachthöfe
seien das „Symbol einer sich im Lebenskampf selbst zerfleischen-
den Menschheit" oder das Stück sei als Tragödie der „zum tragi-
schen Scheitern verurteilte Güte"[77]zu sehen. Alles das entspricht
nicht Brechts Anliegen, dem gewählten Inhalt und der verwendeten
Form.

---

76   Knopf: *Handbuch* (1986), Bd. 1 (Theater), S. 113.
77   Ebd.

4. REZEPTIONSGESCHICHTE

ZUSAMMEN-
FASSUNG

→ Geplante Aufführungen kamen 1932, mit Ausnahme einer
Hörspielfassung, durch die politischen Entwicklungen
nicht mehr zustande. Die Uraufführung fand erst 1959,
also nach Brechts Tod, statt.

→ Die Erstaufführung für die DDR sicherte sich am 12. April
1961 das Staatstheater Dresden.

→ Zu einer bemerkenswerten Inszenierung wurde die
Aufführung am *Berliner Ensemble* am 12. Juni 1968.

→ Seit der Uraufführung 1959 wurde die Aktualität des
Stückes immer wieder in Frage gestellt. Im Zeitalter
von Globalisierung und Finanzkrise erscheint das Stück
allerdings als ungeahnt aktuell.

Die Bühnengeschichte ist nicht nur aufgrund der politischen Entwicklungen nach 1931 verwirrend, sondern war der Platz für vielfältige unterschiedliche Interpretationen, unter der besonders die
Uraufführung 1959 litt.

Für erste Aufführungen lagen Verträge mit dem Nationaltheater
Mannheim, dem Landestheater Darmstadt und der Volksbühne Berlin vor, die eine Aufführung wagen wollten.[78] Auch der avantgardis-
tische Theaterregisseur und -intendant Erwin Piscator (1893–1966)
interessierte sich für das Stück und schrieb entsprechend an Brecht:
Er wollte das Stück 1932 „zusammen in *einem* Theater"[79] mit

Verwirrende
Bühnen-
geschichte

---

78 Der Brecht-Biograf John Fuegi behauptet, es habe sich „niemand" gewagt, „das Stück auf einer
größeren deutschen Bühne herauszubringen", und schlussfolgert unhistorisch: „Jetzt war es
nutzlos." (Fuegi, S. 370)

79 Brief Piscators an Brecht vom 18. April 1932, zitiert nach: Brecht: *Bühnenfassung*, S. 223.

Die amerikanische Tragödie von Theodore Dreiser aufführen. Aber der Einfluss der Nationalsozialisten auf das Kulturleben war zu diesem Zeitpunkt bereits so bedeutend, dass die Aufführungen nicht zustande kamen. Es entstand ein politischer Streit auf verschiedenen Ebenen: Politik und Presse griffen die „bolschewistische Gottlosenpropaganda" am Hessischen Landestheater, den „im Dienst der bolschewistischen Propaganda" stehenden Dramatiker Brecht sowie das „Niederträchtige und Menschenfresserische" des Stückes samt seiner „kommunistisch-bolschewistischen Religionsablehnung" scharf an. Dabei beriefen sich konservativ-rechte Kreise auf die „beglückende Regung ungebrochener Lebensinstinkte gegen einen künstlerisch verkappten Mordversuch an unserer Seele"[80]. Lediglich eine einstündige Hörspielfassung, bestehend aus Auszügen des Schauspiels[81], wurde am 11. April 1932 in der *Berliner Funkstunde* gesendet. Der Mut der Aufführung wurde von der Presse gelobt, indessen wurde gleichzeitig festgestellt: „Es wird einmal zu den denkwürdigsten, aber unrühmlichsten Merkmalen in der Kulturgeschichte unserer Zeit gehören, dass das Theater die Vermittlung eines der größten und bedeutendsten Dramen der Epoche dem Rundfunk überlassen musste."[82] Kurz darauf wurde das Stück in Deutschland bereits vor der Machtübernahme durch die Faschisten 1933 verboten. Nach dem „Sieg der Volksrevolution" – gemeint war die Machtübernahme durch die Nationalsozialisten – sei die Aufführung vollends unmöglich geworden, schrieb das Hessische Landestheater am 24. April 1933 an Brechts Verlag, da es

Angriffe von rechts *(margin)*

Gekürztes Hörspiel (1932) *(margin)*

Verbot schon vor 1933 *(margin)*

---

80 Die Zitate stammen aus der Pressekampagne gegen das Stück, nachzulesen in Brecht: *Bühnenfassung*, S. 224 ff.
81 Das Programm ist nachzulesen in Brecht: *Bühnenfassung*, S. 217 f.
82 Fritz Walter: *Uraufführung am Rundfunk. Brechts „Heilige Johanna"*. In: Berliner Börsen-Courier vom 12. April 1932, zitiert nach: Brecht: *Bühnenfassung*, S. 218.

sich bei Brecht um einen „der entschiedensten Vertreter der kommunistischen Gedankenwelt" handele.[83]

Eine Aufführung bestehend aus Auszügen fand Mitte der 1930er Jahre im *Revolutionären Arbeitertheater* in Kopenhagen statt (Regie: Ruth Berlau, Johanna: Ruth Berlau).[84] 1934 erschien das Stück in russischer Sprache (übersetzt von Sergeij M. Tretjakow) in dem Band *Epische Dramen*. Freunde Brechts versuchten, den sowjetischen Regisseur Nikolai Ochlopkow (1900–1967) für eine Aufführung zu gewinnen, aber das Vorhaben scheiterte. Die in Dänemark von Ruth Berlau betriebene und für 1935 vorgesehene Aufführung unter dem Regisseur Thorkild Roose, der das Stück für unfertig hielt, kam nicht zustande. Brecht widersprach: „Es ist vollständig fertiggestaltet. Wenn eine breite Ausmalung der einzelnen Szenen fehlt, so ist das künstlerische Absicht."[85] Es begann in den 1930er Jahren für Brecht und seine Mitarbeiter aufgrund fehlender Aufführungsmöglichkeiten wirtschaftlich schwierig zu werden.[86] Aus Dänemark bemühte sich Brecht, 1932 *Die Gewehre der Frau Carrar* in den USA aufführen zu lassen. Es kam sowohl eine Übersetzung von Keene Wallis zustande (1938) als auch eine Aufführung im New Yorker *People's Theatre* (April 1938), die aber folgen- und wirkungslos blieben. Mehr Aufmerksamkeit fand die Aufführung des Stückes 1939 in San Francisco. Brecht wollte in diesem Zusammenhang *Die heilige Johanna der Schlachthöfe* in den USA unterbringen – das Stück hatte ein amerikanisches Thema –, aber diese Bemühungen hatten keinen Erfolg. Erst 1956 wurde eine Übersetzung ins

Exil-Zeit

---

83 Brecht: *Briefe 1913–1956*, Bd. 2, S. 66; vgl. auch Rülicke-Weiler, S. 230.
84 Vgl. Brecht: *Bühnenfassung*, S. 232.
85 Brecht: *Briefe*, Bd. 1, S. 240; Bd. 2, S. 93.
86 Kebir: *Ich frage nicht nach meinem Anteil*, S. 159.

Englische von Frank Jones in einer Anthologie der Indiana University Press in Bloomington veröffentlicht.[87]

Ablehnung durch Arthur Kutscher

1944 las der bedeutende Theaterwissenschaftler Artur Kutscher (1878–1960), bei dem Brecht 1917 Vorlesungen gehört hatte, an der Ludwig-Maximilians-Universität in München im Sommersemester über *Das Drama seit dem Impressionismus*. Kutscher (seit 1942 NSDAP-Mitglied) hielt nicht viel von Brecht, fand ihn auch nicht begabt. In diesen Vorlesungen behandelte er auch Brechts *Die heilige Johanna der Schlachthöfe* und fällte über das Stück das wohl abwegigste Urteil:

„Auflösung des Dramas"

„In diesem Stück ist die Auflösung des Dramas vollzogen. Sogar vier Schweine treten auf und singen. Rotglühender Fanatismus, kältester Zynismus. Verknüpfung von Christen und Ochsen. Bolschewistische Gotteslästerung. Feindschaft gegen abendländische Kultur (...). Bert Brecht ist das apokalyptische Tier in der deutschen Literatur."[88]

Uraufführung 1959 durch Gustaf Gründgens

Gustaf Gründgens hatte 1932 Brecht um die Erlaubnis gebeten, das Stück aufführen zu dürfen. Am 18. Januar 1949 schrieb Brecht – wohl in provozierender Absicht, hatte Gründgens doch im NS-Deutschland seine Karriere fortgesetzt – an den Regisseur und Intendanten: „Sie fragten mich 1932 um die Erlaubnis, *Die heilige Johanna der Schlachthöfe* aufführen zu dürfen. Meine Antwort ist ja."[89] Gründgens, inzwischen Generalintendant der Städtischen Bühnen Düsseldorf, telegrafierte: „Über Brief zu Tode erschrocken – freue mich aber sehr, dass Sie sich noch daran erinnern"[90]. Doch wur-

---

87 Brecht: *Briefe*, Bd. 2, S. 178.
88 Ernst Schumacher: *Er wird bleiben*. In: NDL (Neue Deutsche Literatur), Berlin 1956, Heft 10, S. 18–28, hier: S. 19
89 Brecht: *Briefe*, Bd. 1, S. 548.
90 Brecht: *Briefe*, Bd. 2, S. 197.

de das Projekt zu diesem Zeitpunkt nicht verwirklicht. Die Urauf-
führung fand erst nach Brechts Tod am 1. Mai 1959 im *Deutschen
Schauspielhaus* in Hamburg in der Regie von Gustaf Gründgens
statt. Anwesend waren auch Brechts Witwe Helene Weigel, Brechts
Freund und Partner, der Sänger Ernst Busch, und der Intendant des
Deutschen Theaters (Ost-Berlin) Wolfgang Langhoff.

In der Zeit des westdeutschen Wirtschaftswunders erschien diese Inszenierung, sie war auch so angelegt worden, wie eine längst
vergangene Geschichte, geradezu eine Legende, über die man sich
belustigen konnte: Das naive Mädchen Johanna will den Kapitalismus vermenschlichen und wird dabei selbst zu einer Heiligen dieses
Systems. Die westdeutsche Kritik war u. a. der Meinung, die Handlung des Stückes sei „inzwischen weiter von uns entfernt (…) als das
Steinzeitalter" (Willy Haas in *Die Welt*)[91], ein Argument dafür war
die Berufung auf die Gewerkschaften, die solche Entwicklungen
nicht mehr zuließen. Der Chefdramaturg Dr. Günther Penzoldt erklärte sogar demonstrativ: „Wir spielen es heute, *weil* es nicht mehr
aktuell ist." Heute, in Anbetracht der durch die Globalisierung ein-
setzenden Wirtschaftskrisen und Produktionsverlagerungen, liest
sich diese Aussage wie eine Parodie. Trotzdem wurde Gründgens in
der westdeutschen Presse angegriffen, weil er nicht rigoros gegen
den Marxismus Stellung bezogen habe[92].

Die Erstaufführung für die DDR fand am 12. April 1961 am Staatstheater Dresden statt, die Inszenierung erlebte 40 Aufführungen.
Die Regie hatten die in der Brecht-Pflege ausgewiesenen Regisseure Hannes Fischer, der selbst den Mauler spielte, und Ottofritz
Gaillard. Die Inszenierung fand national und international großes

> Nur eine Legende
> aus der Steinzeit?

> Erstaufführung in
> der DDR 1961

---

91 Zitiert nach: *Und es verfärbte sich* …. In: Der Spiegel vom 13. Mai 1959, S. 61 (abrufbar unter:
    http://www.spiegel.de/spiegel/print/d-46162569.html, Stand: Oktober 2015).
92 Vgl. Fradkin, S. 9.

Interesse. Die Aufführung setzte das Stück in 20 Bildern um und verwirklichte konsequent die Mischung aus teils klassisch erscheinendem Stück und teils epischem Theater, wobei die Spielweise Dresdens als der Tradition verpflichtetes Staatstheater einerseits und die Brechtmethoden aufmerksam verfolgende Bühne andererseits der Aufführung entgegenkamen. Gespielt wurde das Geschehen um 1930; jedoch so, dass unmittelbare Lehren für die Gegenwart gezogen werden sollten: Der Kapitalismus habe sich zwar inzwischen geändert, aber der ihn bestimmende Grundwiderspruch zwischen Kapital und Arbeit sei vollständig erhalten geblieben. Damit polemisierte diese Aufführung gegen die Uraufführung Gründgens', die die Historisierung des Geschehens anstrebte.

Inszenierung am
Berliner Ensemble
1968

Zu einer bemerkenswerten Inszenierung wurde die Aufführung am *Berliner Ensemble* (DDR) am 12. Juni 1968, Bearbeiter und Regisseure waren Manfred Wekwerth[93] und Joachim Tenschert. Es war die Zeit der (in der Bundesrepublik) Notstandsgesetze, Studentenbewegung und Kämpfe der Arbeiterklasse auch in Frankreich und einer rigoros vorgehenden Polizei. Deshalb knüpfte diese Fassung und Inszenierung an Brechts „Originalmanuskript"[94] an, das in Chicago um 1900 handelte. Es ging daher nicht um die Einmaligkeit der Weltwirtschaftskrise von 1929, sondern um den prinzipiellen (krisenhaften) Charakter des kapitalistischen Systems, dem nach Ansicht der Regisseure auch in ihrer Gegenwart der 1960er Jahre nicht mit reformistischen Vorstellungen von Gewaltlosigkeit und einem dritten Weg beizukommen war. Dabei galt die besondere Aufmerksamkeit dem (aus marxistischer Sicht) Vorgang, dass der Kapitalismus es immer besser verstand, seinen inhumanen Charakter zu verhüllen. Es ging den Regisseuren deshalb nicht wie

---

93 Die Regiekonzeption sowie den Einsatz von Musik usw. stellte Wekwerth ausführlich dar. Vgl. Wekwerth, S. 246–266.
94 Programmheft: Bertolt Brecht: *Die heilige Johanna der Schlachthöfe*. Inszenierung des *Berliner Ensembles* 1968, S. 7.

in Dresden um den Grundwiderspruch, sondern um die Spezifik dieser Verschleierung. Sie setzten 1968 „die ökonomischen Zusammenhänge als bekannt voraus und strebten eine differenzierte Darstellung der Legende an". Sie verstärkten deshalb den Parabelcharakter und entfernten „die Geschichte aus der konkreten Gebundenheit an die Zeit der großen Krise"[95]. Manche Kritiker sahen das Anliegen der beiden Regisseure nicht: Der DDR-Theaterkritiker Schumacher war erstaunt und ratlos; insgesamt fand diese Inszenierung nicht jenen stürmischen Beifall wie andere Inszenierungen des *Berliner Ensembles*: „Durch die zeitliche Zurückverlegung der Fabel tritt der merkwürdige Umstand ein, dass in der Fassung des *Berliner Ensembles* die politischen Begriffe Bolschewismus und Kommunisten ebenso fehlen wie in der Gründgens-Inszenierung in Hamburg."[96], gemeint war die Uraufführung 1959. In beiden Inszenierungen spielte Hanne Hiob, Brechts Tochter aus erster Ehe, die Johanna. Die Bühne (Bühnenbild: Karl von Appen) war in eine Vorder- und eine Hauptbühne geteilt worden: Auf der Vorderbühne ereignete sich die Legende, auf der Hauptbühne war die Welt der Schlachthöfe, der Viehbörse und des Lokals der *Schwarzen Strohhüte* zu sehen. Andere Bühnen folgten dem *Berliner Ensemble*: Benno Besson inszenierte in den 1970er Jahren das Stück in München und an der Volksbühne Berlin.[97]

Seit den 1960er Jahren mehrten sich die Hinweise, dass das Stück nicht mehr den aktuellen Verhältnissen entspreche. So meinte der Brecht-Biograf Ilja Fradkin, dass das Bild, das Brecht entworfen habe, „heute in einigen wesentlichen Details anders"[98] aussehe.

Randbemerkungen:
- Verstärkung des Parabelcharakters
- Einwand von Ernst Schumacher
- Heute aktueller denn je

---

95 Mittenzwei: *Theater in der Zeitenwende*, S. 322.
96 Schumacher: *Brecht-Kritiken*, S. 60 f.
97 Vgl. Ernst Schumacher: *Berliner Kritiken, Band III: 1974–1979*. Berlin: Henschelverlag Kunst und Gesellschaft, 1982, S. 183.
98 Fradkin, S. 457.

Johanna (Ursula Karusseit) und Mauler (Romuald Pekny) in einer Inszenierung von Benno Besson an den Münchner Kammerspielen 1974
© ullstein bild - Keystone

Ähnliche Ansichten vertrat Käthe Rülicke-Weiler: Sie meinte, dass durch die sozialistischen Staaten eine andere Form der Produktion in die Welt gekommen war. Doch hat sich diese Lesart des Stückes nach dem Ende des Kommunismus in Osteuropa inzwischen erledigt, und im Zeitalter des globalisierten (Neo-)Kapitalismus, der Finanzkrise seit 2009 und einer neuen Diskussion um eine Reformierung der Ökonomie und neuen Protestbewegungen (z. B. *Occupy*) erscheint das Stück sogar aktueller als je zuvor. Das macht nicht zuletzt die Liste der Aufführungen deutlich, die Jahr für Jahr stattfinden, v.a. Bochum (1979/80), Weimar (1983, 2011), Bremen (2007/08), Berlin (2004, 2009), Darmstadt (2010), Salzburg (2013), Heidelberg (2014) und Augsburg (2015), wo es ein gewichtiger Beitrag zum Brechtfestival 2015 wurde. Besonders an der Aktualität des Stückes war Claus Peymann 2003 interessiert, als er am *Berliner Ensemble* die *Heilige Johanna der Schlachthöfe* mit Maike Droste in der Titelrolle inszenierte. Es war eine maßstabsetzende Aufführung, die in die Zukunft wies.

5. MATERIALIEN

Brechts Vor-
spruch (1932)

Brecht und Elisabeth Hauptmann gaben dem Erstdruck des Stückes als Heft 5 (13. Versuch) der *Versuche* (1932) einen Vorspruch mit, der später wegblieb:

„Der dreizehnte Versuch: *Die heilige Johanna der Schlachthöfe* soll die heutige Entwicklungsstufe des faustischen Menschen zeigen. Das Stück ist entstanden aus dem Stück *Happy End* von Elisabeth Hauptmann. Es wurden außerdem einige klassische Vorbilder und Stilelemente verwendet: Die Darstellung bestimmter Vorgänge erhielt die ihr historisch zugeordnete Form. So sollen nicht nur die Vorgänge, sondern auch die Art ihrer literarisch-theatralischen Bewältigung ausgestellt werden."[99]

Griff nach Shake-
speares Sternen

Der ostdeutsche Theaterwissenschaftler und -kritiker **Ernst Schumacher** gehörte zu den Brecht-Spezialisten; er begleitete Brechts Leben und Werk mit Monografien, Biografien und zahlreichen Kritiken. Anlässlich der Hamburger Uraufführung am 30. April 1959 schrieb er über das Stück:

„Brecht zielte in seinem Stück auf eine Erneuerung der klassischen großen Form. Er ließ die Packherren, Aufkäufer, Makler, Viehzüchter und Spekulanten in der sanktionierten Sprache der Könige und Helden reden. Das war ein legitimes Verfahren, ein bedeutender Versuch. Nur war die Parodie nicht ganz so souverän, wie es scheinen mochte. Die relativ unprofilierten Repräsentanten der Arbeiterschaft waren keine gleichgewichtigen Gegenspieler zu Mauler, Graham, Slift und Johanna. Das Chorische drückt daher nur eine

---

99 Brecht: *Versuche*, S. 6.

gleichsam anonyme Kollektivität aus. Aber das Stück griff als Ganzes nach Shakespeares Sternen."[100]

Der Literaturwissenschaftler **Hans Mayer** beschäftigte sich lebenslang mit Brecht und war mit ihm persönlich befreundet. Er sah in der *Heiligen Johanna der Schlachthöfe* eine interessante parabolische Absicht, die vorwiegend in den ersten Entwürfen zu finden ist:

Johannas idealistische Wandlung

„Brechts Parabelstück war aber nicht gegen die Heilsarmee gerichtet, die nur die Staffage abgab, sondern gegen die deutsche Sozialdemokratie. Johanna ist bei Brecht eine Sozialistin, die erkennen muss, dass ihr Tun das Gegenteil von dem bewirkt, was sie anstrebt. Sterbend formuliert sie diese Erkenntnis mit den Worten ‚Wie gerufen kam ich den Ausbeutern.' Diesmal arbeitet Brecht, in seiner Parodierung der Schiller'schen Dramatik, ausdrücklich mit einer idealistischen ‚Wandlung' der Heldin. Sterbend wandelt sich Johanna von einer Sozialdemokratin zur Sozialistin, zu einer Marxistin im Sinne von Brecht. Nicht das Bewusstsein ist entscheidend, sondern das gesellschaftliche Sein. Hier bereits verbindet Brecht seine Vorstellung von einem ‚guten Menschen' mit der Forderung nach Schaffung gesellschaftlicher Verhältnisse, die das individuelle Gutsein erst möglich machen. Es genügt nicht, gut zu handeln, wenn dadurch keine gute Welt entstehen kann. Das wird später die neue heilige Johanna der Schlachthöfe, nämlich die chinesische Dirne Shen Te in Sezuan von neuem demonstrieren."[101]

---

100 Ernst Schumacher: *Die heilige Johanna der Schlachthöfe. Zur Uraufführung im Deutschen Schauspielhaus Hamburg 30. 4. 1959.* In: Ders.: Brecht-Kritiken, S. 209.
101 Mayer, S. 460 f.

Die **Inszenierung des** *Berliner Ensembles* **1968** gliederte die Handlung in sieben Tage (19 Szenen). Im Programmheft wurden die Tage beschrieben:

Siebentägige
Handlung

„Die heilige Johanna der Schlachthöfe zu Chicago um das Jahr 1900

Der 1. Tag
Auf ihrem ersten Gang in die Tiefe entdeckt Johanna Dark die Welt der Schlachthöfe weit außerhalb der großen Stadt. Bevor noch der Tag zu Ende geht, dringt sie zum Fleischkönig Pierpont Mauler vor und entdeckt den Menschen in ihm, der Fleischkönig aber verspürt den Hauch einer anderen Welt.

Der 2. Tag
Aber nur einen Tag später führt ein zweiter Gang Johanna noch tiefer in die Welt der Schlachthöfe, bis in ihren Sumpf. In einem Vormittag und einem Nachmittag, ehe die Sonne untergeht, zeigt ihr Sullivan Slift die Schlechtigkeit der Armen. Johanna aber erkennt ihre Berufung, den Armen zu helfen und bricht an diesem Tage auf, das Elend aus der Welt zu vertreiben.

Der 3. Tag
Und aus der Tiefe der Schlachthöfe führt Johanna Dark die Armen in die geschäftige City der Riesenstadt. Sie stellt der Viehbörse die Armen vor. Und als das Elend sichtbar wird, siegt sie, bevor es Nacht wird, zweimal über die Schlechtigkeit in der Welt.

Der 4. Tag
Johanna Dark, fortan genannt die heilige Johanna der Viehhöfe, treibt die Händler aus dem Tempel. Aber verkannt und geschmäht selbst von ihresgleichen, nimmt sie das Kreuz der Ausstoßung auf

sich. Johannas Zeit ist noch nicht gekommen, und so verliert sich ihre Spur im Dschungel Chicagos.

Der 5. Tag
Aber aus den Kälten Chicagos führt Johannas Weg ein drittes Mal zum Fleischkönig Pierpont Mauler, noch einmal den Menschen in ihm anzurufen. Und als sie ihn diesmal verlässt, weint Pierpont Mauler.

Der 6. Tag
Und als Johanna ihre Zeit für gekommen sieht, geht sie ein drittes Mal in die Tiefe, dem Elend Namen und Gesicht zu geben und nicht zurückzukehren, bis den Armen geholfen ist. Der Fleischkönig Pierpont Mauler vernimmt ihren Ruf aus der Tiefe und Johanna wird gerühmt als unsere liebe Frau von den Schlachthöfen.

Der 7. Tag
Und so wurde in sieben Tagen die Welt neu geordnet zu Chicago, und Johanna kehrte zurück am siebenten Tag und wurde gerühmt als die Streiterin gegen die Schlechtigkeit in der Welt, und die Menschen gedachten ihrer in Dankbarkeit und nannten sie fortan die Heilige Johanna der Schlachthöfe."[102]

---

102 Programmheft: Bertolt Brecht: *Die heilige Johanna der Schlachthöfe*. Inszenierung des *Berliner Ensembles* 1968, verschiedene Seiten.

6. PRÜFUNGSAUFGABEN MIT MUSTERLÖSUNGEN

Unter www.königserläuterungen.de/download finden Sie im Internet zwei weitere Aufgaben mit Musterlösungen.

Die Zahl der Sternchen bezeichnet das Anforderungsniveau der jeweiligen Aufgabe.

Aufgabe 1 **

Beschreiben Sie Johannas Erkenntnisprozess.

Mögliche Lösung in knapper Fassung:

BESCHREIBUNG

Johanna gehört zu den freundlichen Menschen, eine Eigenschaft, die Brecht als besonders nützlich betrachtete. Mit ihrer Freundlichkeit will sie den Lohnarbeitern in den Schlachthöfen helfen. Sie sieht deren unzumutbare Lage, erkennt aber nicht die Ursachen und steht den Forderungen der Arbeiter mit Unverständnis gegenüber. Der Grund dafür ist, dass sie die sozialen Bedingungen anfänglich als Schicksal empfindet: „Das Unglück kommt wie der Regen." (S. 15) Sie versucht deshalb, die Arbeiter von ihren Forderungen abzulenken und auf andere unfassbare, „höhere" Ziele zu lenken, wofür sie biblische bzw. christliche Vorstellungen ins Spiel bringt. Da sie für ihre Vorschläge wenig Verständnis bei den Arbeitern findet, die sie verlassen, nachdem sie die Suppe der Heilsarmee gegessen haben, setzt sich in ihr ein Vorgang in Bewegung, der Johanna zu neuen Erkenntnissen führt, die zwar für die aktuelle Krise nicht mehr genutzt werden können, aber als einmal gedachte Möglichkeit (im Zuschauer) präsent bleiben sollen.

Der Beginn dieser Entwicklung Johannas liegt in der Unzufriedenheit, mit ihren bisherig vorhandenen Überzeugungen das Leben der Arbeiter zu verändern. Sie will deshalb wissen, „wer an all dem schuld ist" (S. 20), und verlässt den geistigen Raum der Heilsarmee. Deren Mitglieder warnen sie aber, sich nicht einzumischen, zumal die Arbeiter ihr Engagement nicht verdienten: „Faulenzer sind es!" (S. 20) Mit Fragen beginnt Johannas Ausbruch aus der Heilsarmee, ihr geistiger Sündenfall und ihre politische Entwicklung. Damit verbindet sich ihr *erster Gang in die Tiefe*. Der Weg führt zu Mauler, dem „Fleischkönig" (S. 6). Doch versucht sie noch immer, mit ihrer Überzeugung von der Güte des Menschen auch Mauler zu gewinnen. Der setzt ihrer Strategie aber seine Meinung entgegen, „der Mensch ist schlecht" (S. 32). Um Johanna das zu beweisen, schickt er sie mit seinem Makler Slift durch die Schlachthöfe. Dabei findet Johanna zwar arme Menschen, deren moralische Haltung sie verurteilt, aber den eigentlichen Grund für die Schlechtigkeit sieht sie in der Armut dieser Menschen. Damit ist sie einen wesentlichen Schritt auf dem Weg zur Lösung vorangekommen. Mit Arbeit will sie die Menschen aus der Armut holen und sucht deshalb nach einer Aussöhnung zwischen den Klassen, zwischen Mauler und den Arbeitern. Sie warnt vor dem Jüngsten Gericht, bei dem festgestellt werde, wie die Fleisch- und Viehhändler die Ochsen versteckt hätten, um die Fleischpreise in die Höhe zu treiben; „mit ihrem Brüllen werden sie vor dem allmächtigen Gott wider euch zeugen" (S. 51). Während einer Ohnmacht scheint Mauler sich Johannas Wünschen zunächst zu fügen, löst aber tatsächlich eine große Spekulation aus, die seine Konkurrenten vernichten soll. Johanna steht zwischen den Fronten. Aber noch immer glaubt sie an die Güte des Menschen. Bei ihrer Suche nach Verbündeten – „Gibt es hier nicht Leute, die etwas unternehmen?" (S. 93) – kommt sie auch zu den Kommunisten. Während der Vorbereitung eines Generalstreiks dringt sie bis zur Erkenntnis der Gesetzmäßigkeit vor: „Das ist ja gerade, als ob die Armut der armen Leute den reichen nützt! Da ist ja womöglich die Armut überhaupt denen ihr Werk!" (S. 98) Sie wird in die Vorbereitung des Generalstreiks einbezogen, versagt aber, weil sie noch immer der Güte und Menschlichkeit aller vertraut und für Gewaltlosigkeit eintritt. Nachdem der Generalstreik durch ihr Versagen scheitert, kommt sie zu ihrer letzten und entscheidenden Erkenntnis: Zwar ist der Kampf der Arbeiter im aktuellen Fall gescheitert, aber nun weiß sie: „Es hilft nur Gewalt, wo Gewalt herrscht, und / Es helfen nur Menschen, wo Menschen sind." (S. 146) Da sie mit ihrem Vertrauen auf die Güte unabsichtlich den Fleischkönigen geholfen, Schlächter und Heilsarmee zu gemeinsamer Tat vereinigt und ihnen zum gemeinsamen Geschäft verholfen und den Arbeitern geschadet hat, wird sie von Schlächtern und Viehzüchtern am Ende zur Heiligen erhoben; dieser Kampf auf den Schlachthöfen von Chicago ist für die Arbeiter verloren. Aber nachdem Johanna als letzte Erkenntnis gewonnen hat, dass ihre Güte für jene, denen sie helfen wollte, nicht nur folgenlos, sondern sogar gefährlich geworden ist, weil sie ihre Existenz bedroht sehen, und weil sie erkannt hat, dass deshalb nur Gewalt eine herrschende Macht ändern kann, gehört der Anwendung dieser Erkenntnis nach Brecht die Zukunft. Während das Bündnis von Kirche und Kapital die „im Dienste Gottes, Streiterin und Opfer" (S. 148) gestorbene Johanna zur Heiligen erhebt, hat sie bereits das scheinbar schicksalhafte Geschehen analysiert und ihre Lehre verkündet: „Die aber unten sind, werden unten gehalten / Damit die oben sind, oben bleiben. (…) Ausbeutung und Unordnung, tierisch und also / Unverständlich." (S. 144) Sie hat jedoch (für den Zuschauer) Verständlichkeit geschaffen und auch die Kraft, diese Lehren in Handlungsanweisungen umzusetzen, verbunden mit einer Absage an Religion: Wer auf Gott weise, der zwar unsichtbar

sei, doch angeblich „hülfe" (S. 145), „den soll man mit dem Kopf
auf das Pflaster schlagen / Bis er verreckt ist." (S. 145)

Aufgabe 2 ***

**Verfolgen Sie die Funktion von Friedrich Schillers *Die
Jungfrau von Orleans* für das Stück *Die heilige Johanna der
Schlachthöfe* von Bertolt Brecht.**

Mögliche Lösung in knapper Fassung:

Die Materialstudien zu dem Stück hatten am Beginn der Arbeit
noch keinen Bezug zu der „romantischen Tragödie" Schillers. Diese Parallelen kamen erst in der letzten Schaffensetappe dazu. Dann
aber wurden sie bestimmend in dreifacher Hinsicht: Einmal wurde
Brechts Stück die satirische Kommentierung der Tragödie Schillers.
Zweitens demonstrierte Brecht mit dem Stück, wie die klassischen
Gestaltungsmittel im frühen 20. Jahrhundert ihre Bedeutung für die
Darstellung heldenhafter, moralisch integrer und bürgerlich eman-
zipatorischer Verhaltensweisen verloren hatten und nun gegentei-
lig, parodistisch verwendet werden konnten. Drittens schließlich
wurden die Werte der bürgerlichen Emanzipation wie Nationalstaat, Demokratie und Menschenrechte in dieser politischen Phase
in Deutschland (wachsende Bedeutung von Hitlers NSDAP) ad absurdum geführt. Hinzu kam eine Verfremdung der eingesetzten formalen Mittel: Mit der Verwendung klassischer Formelemente rief
Brecht das vorhandene Wissen und die erworbene Erfahrung der
bürgerlichen Theaterbesucher ab, funktionierte jedoch diese Elemente um, indem er sie einem anderen, nicht dafür vorgesehenen
und ungeeigneten Stoff auflegte. Manche dieser Elemente wurde
in der Bühnenfassung von 1931 deshalb stärker betont, zum Beispiel die Fünfaktigkeit, die herausgestellt wurde. Ähnlich verfährt

ANALYSE

1 SCHNELLÜBERSICHT   2 BERTOLT BRECHT:
LEBEN UND WERK   3 TEXTANALYSE UND
-INTERPRETATION

die Eröffnung: Sie nimmt zwei klassische dramaturgische Mittel
auf und demontiert sie. Einmal wird zu Beginn ein Brief verlesen –
weitere Briefe folgen, einer wird von Johanna nicht ausgehändigt,
wodurch ein Streik verhindert wird –, und Briefe spielen auch bereits
in Schillers Dramatik, besonders im *Dom Karlos*, eine herausragen-
de Rolle; sie setzen szenisches Geschehen und Intrigen zwischen
hochgestellten Persönlichkeiten in Gang. Zum anderen führt Mauler mit einem Partner ein Gespräch, wie sie in der getragenen In-
tonation und der Rhythmik des feierlichen fünffüßigen Jambus in
der klassischen Dramatik bei Eröffnungen üblich sind (zu denken ist
auch an Schillers *Dom Karlos*). Nur sind es bei Brecht nicht die aris-
tokratisch Hochgestellten, sondern die ökonomisch und politisch
kraft ihres Vermögens Einflussreichen, die agieren. Schnell wird
deutlich, dass es nicht um edle Menschen und ihre Schicksale im
Umkreis hoher Bildung geht, sondern um einen Schlachthof. Folgt
man Brechts Handlung weiter, so geht es nicht um die Kriege der
Engländer mit den Franzosen um die Vorherrschaft in Frankreich
und der Kampf um einen Nationalstaat, wie in Schillers *Jungfrau
von Orleans*, sondern um den Konkurrenzkampf von Viehzüchtern
und Schlachthofbesitzern, von Börsianern und Aufkäufern. Nicht
der hohe Ton der Moralität und Sittlichkeit, von Nationalstolz und
Freiheitsstreben erklingt bei Brecht, sondern ein falsches Pathos,
das dem Gegenstand nicht angemessen ist. So lassen sich zur gesamten Fabel, den wesentlichen Figurenkonstellationen, einigen
Szenen wie insbesondere der Schlussszene Parallelen in Schillers
Die Jungfrau von Orleans finden. Wie Schillers Johanna glaubt auch
die Johanna Brechts an ihre missionarische Berufung. Ihr Handeln
lässt sich mühelos mit dem der Schiller'schen Gestalt vergleichen:
Beide treten für die Unterlegenen und Schwachen ein, beide er-
ringen in einem scheinbar aussichtslosen Kampf Siege, und beide
werden deshalb bei ihrem Tod in einer Apotheose erhoben. Aber

so groß wie die Gemeinsamkeiten – zu denen noch persönliche kommen wie die Befehlsgewalt und der Verzicht auf private Interessen –, so groß sind auch die Unterschiede. Während Schillers Johanna dem französischen Nationalstaat als einer neuen Qualität der historischen Entwicklung zum Siege verhilft, sind die Siege der Johanna Brechts in Wirklichkeit Niederlagen, denn es wird (aus Sicht der materialistischen Geschichtstheorie von Karl Marx, der Brecht folgte) keine neue historische Qualität erreicht. Stattdessen wird eine alte Macht, die die Schwachen erst schwach gemacht hat, um einer kleinen Herrschaftskaste zu riesigen Gewinnen zu verhelfen, durch Johanna unabsichtlich neu gefestigt. Johanna hat nicht den Schwachen gedient, wie sie eigentlich wollte, sondern der herrschenden Macht. Es sind weitere Unterschiede vorhanden: Schillers Johanna bezieht ihre Kraft aus einer übernatürlichen Achtung vor dem Gewissen und der Redlichkeit, vor der Natur, Natürlichkeit und moralischen Lauterkeit. Diese Werte sind in der Gesellschaft der Johanna Brechts nicht mehr vorhanden, können deshalb auch nicht benutzt werden. Es herrschen nur Wertvorstellungen, die durch Profitgier bedient werden können. Auch Wunder sind in beiden Werken vorhanden: Schillers Johanna siegt unter ungeeigneten Bedingungen, sie zerreißt ihre eisernen Fesseln, um ihren Kampf zu Ende zu führen usw. Auch Mauler erlebt ein Wunder: Was aussieht, als würde er sich durch Ankäufe von Fleisch ruinieren, um den Arbeitern zu helfen, erweist sich als geniale unternehmerische Entscheidung, seinen Profit zu steigern und die Arbeiter zu demütigen, ihre Löhne zu senken und sie zum Teil zu entlassen. Deshalb ist auch der Tod Johannas, der in beiden Stücken formal und teilweise wörtlich übereinstimmend beschrieben wird (vgl. S. 148 f.), in der Bedeutung gegensätzlich: Schillers Johanna hat gesiegt; ihr Tod hat Fremdherrschaft beseitigt und einen Nationalstaat gegründet. Brechts Johanna hat verloren, erkennt auch – zu spät – die Gründe für die Niederlage, kann diese jedoch nicht mehr anderen vermitteln, weil sie von Hosianna-Rufen übertönt wird (vgl. S. 146).

Alle Parallelen zu Schiller, so wird an den Beispielen deutlich, dienen einem ausgesprochen parodistischen Anliegen, das am Ende seinen Höhepunkt erreicht.

Aufgabe 3 ***

Erklären Sie Brechts Hinweis, es handele sich in dem Stück um die „heutige Entwicklungsstufe des faustischen Menschen" am Beispiel Maulers! Geben Sie Beispiele für den zerstörerischen Faust.

Mögliche Lösung in knapper Fassung:

INTERPRETATION

In einem Vorspruch des Stückes gaben Bertolt Brecht und Elisabeth Hauptmann dem Erstdruck als Heft 5 (13. Versuch) der *Versuche* (1932) die Erklärung mit: „Der dreizehnte Versuch: *Die heilige Johanna der Schlachthöfe* soll die heutige Entwicklungsstufe des faustischen Menschen zeigen." Unterstützt wird diese Mitteilung im Stück durch mehrere Vorgänge, die an Goethes *Faust* erinnern. Sie kamen in der letzten Entstehungsphase 1930/31 in das Stück, betrafen szenische Abläufe und rhythmische Abläufe in den Versen. Besonders auffallend ist die Ähnlichkeit bei Johannas Ende, das sich zwar an Schillers *Jungfrau von Orleans* anlehnt (vgl. S. 148), aber bei dem sie von fast priesterlichen Worten Maulers begleitet wird, die an das Ende des *Zweiten Teils* von *Faust* und den Erlösungsvorgang Fausts erinnern. Die Ähnlichkeit entsteht vor allem durch den Rhythmus – man vergleiche bei Brecht „Ach, das Reine / Ohne Fehle / Unverderbte, Hilfsbereite" (S. 148) mit Goethes „Alles Vergängliche / Ist nur ein Gleichnis; / Das Unzulängliche / Hier wird's Ereignis" (V. 12104 ff.) –, aber auch durch den Inhalt: In beiden

Fällen besteht das verwendete Wortmaterial vorwiegend aus Abstrakta, die zur Beschreibung überirdischer Zustände dienen. Der grundsätzliche Unterschied wird deutlich, vergleicht man die agierenden Personen: Bei Goethe sind es verschiedene Ausbildungen der Jungfrau Maria, Heilige, Mystiker und überirdische Chöre, die sich um Faust bemühen. Bei Brecht sind es unter Maulers Führung die Schlächter und Viehzüchter, die sich selbst bestimmen. Der himmlische Erlösungsvorgang wird radikal säkularisiert und seines geistigen Umfeldes beraubt. Ein anderer unmittelbarer Hinweis auf Goethes *Faust* geschieht durch die „zwei Seelen" (S. 149), die Mauler in seiner Brust spürt. Der nach Erkenntnis suchende Faust bei Goethe, der wegen seines Strebens nicht der Hölle verfällt, mit der er einen Pakt um dieses Strebens nach Erkenntnis willen geschlossen hatte, wird bei Brecht zum vernichtenden „Fleischkönig", bei dem Streben nach größtem Gewinn an die Stelle von Streben nach größter Erkenntnis getreten ist. – Goethes Faust spricht von den zwei Seelen im Gespräch mit Wagner während des Osterspaziergangs; er meint damit seine Sehnsucht nach irdischer und nach überirdischer Erfahrung und Erkenntnis. Er setzt damit die Faust-Gestalt fort, wie sie sich seit der Renaissance entwickelt hat: Seit dem *Volksbuch* ist Faust ein moderner Mensch des ausgehenden Mittelalters und wurde durch seine bürgerlichen Eigenschaften und Merkmale zum Prototyp eines modernen Menschen. Diese bürgerliche Prägung der Gestalt bleibt als einziges Merkmal vom Beginn mit der historischen Faust-Gestalt bis zum Ende Fausts im Kolonisationsprozess in Goethes *Faust II* erhalten und begleitet Faust als Prototyp durch mehrere Phasen der bürgerlichen Gesellschaft. Faust endet als bürgerlicher Unternehmer in *Faust II*. Danach tritt Faust ins Industriezeitalter ein, in dem naturwissenschaftliche Erkenntnisse und technische Möglichkeiten sich gegenseitig befruchten, eine Zeit mit expansiven Plänen und epochalen Vernichtungen, die der Fortschritt möglich gemacht hat, die aber zunehmend Vernichtung beinhalten. So ist es kein Zufall, dass im 20. Jahrhundert Variationen Fausts als Zerstörer agieren.

Thomas Mann hat eine solche Umwertung in seinem Roman *Doktor Faustus* (1947) vollzogen: Der Zweite Weltkrieg und die Verbrechen des deutschen Faschismus differenzierten das Verhältnis der Deutschen zum Faust-Stoff. Sie sahen in dem nach universellen Wissen strebenden Faust, der dafür seine Seele dem Teufel verschrieb, einen ideellen Wegbereiter der vom deutschen Faschismus praktizierten Verbrechen. Neben Thomas Mann beschrieb auch der aus einem anderen Umfeld kommende Wolfgang Borchert in seiner Erzählung *Die lange lange Straße lang* (1947) einen verbrecherischen Faust. Gleichzeitig begannen philosophische und gesellschaftsreformatorische Überlegungen, eine neue (z. B. proletarische) Faust-Gestalt zu schaffen, der einer anderen, nämlich sozialistischen Gesellschaftsstruktur entsprechen könnte. Hanns Eislers *Johann Faustus* (1952) und Volker Brauns *Hans Faust* (1968) wurden erste Versuche zu einem neuen Faust. Eisler griff auf die ursprüngliche Anlage des Stoffes als Puppenspiel zurück, Braun ging in seinem Entwurf von einem geschichtlichen Neuanfang nach dem Zweiten Weltkrieg aus.

An einer zentralen Stelle dieses Umbruchs vom erkenntnisstrebenden Faust zum zerstörerischen Faust steht Brechts Mauler in *Die heilige Johanna der Schlachthöfe* (1931). Dessen zwei Seelen sind der ursprünglichen Bestimmung noch verpflichtet, der einen ist „ein Streben eingesenkt (…) nach den höheren Zonen", während die andere „mit dem Fleisch nach unten hängt" (S. 149). Der Unterschied zu Goethes Faust besteht jedoch darin, dass diese beiden Seelen sich nicht mehr dialektisch bedingen, sondern die eine nur wirkungsloses moralisches Aushängeschild ist, der Zug „zu den Großen / Selbst- und Nutz- und Vorteilslosen", während die andere

„unbewußt", also nicht beeinflussbar, die Handlungen des Menschen bestimmt, die allein „zum Geschäft" strebt (S. 149). Damit wurde der Prozess der Zerstörung im Namen des Geschäfts zum Programm. Mauler aber ist kein faustischer Mensch im Sinne der Tradition, sondern sein Handeln wird fremdbestimmt vom Geschäft. Die Parallelität zu Faust wird benutzt, um den faustischen Menschen in dieser Zeit ad absurdum zu führen.

Aufgabe 4 **

Erklären Sie Brechts Hinweis, es handele sich in dem Stück um die „heutige Entwicklungsstufe des faustischen Menschen" am Beispiel Johannas!

Mögliche Lösung in knapper Fassung:

Johanna Dark hat von der Namensgebung bis zur Figurenanlage Beziehungen zu Schillers Jungfrau von Orleans, die als historische Gestalt Jeanne d'Arc hieß. Einzelne Szenen bei Brecht, vor allem die Schlussszene, gehen auf Schiller zurück. Doch finden sich neben Schillers Stück auch Parallelen zu Goethes *Faust*. Nahm Mauler einerseits die „zwei Seelen" Fausts für sich in Anspruch, so wurde Johanna andererseits zu einer weiblichen Variation der Faustgestalt, denn die Verfasser hatten vom „faustischen Menschen", nicht vom faustischen Mann gesprochen. Es dürfte besonders Elisabeth Hauptmanns Anliegen gewesen sein, die weibliche Faust-Gestalt der Zeit um 1930 zu beschreiben. Mehrere szenische Vorgänge dienten dazu. Johanna, die Mauler Vorwürfe gemacht und Fragen gestellt hat, wird von diesem mit seinem Makler Slift in die Johanna unbekannte Welt der Schlachthöfe geschickt. Es ist ein ähnlicher Vorgang wie der Aufbruch Fausts gemeinsam mit Mephisto aus der Studierstube erst in die kleine, dann in die große Welt. Nur ist es

INTERPRETATION

nicht das Ziel, wie bei Faust, durch die Erlebnisse der Schönheiten der Welt den Erkenntnisdrang zu zügeln und endlich gar zu verhindern, sondern Johanna soll sehen, „wie schlecht die sind / Mit denen du Mitleid hast" (S. 33). Ihr Aufbegehren gegen Mauler soll ebenso zurückgedrängt werden, wie ihre Fragen, wer „schuld an dem Elend" (S. 32) ist, verhindert werden sollen. Das Modell Fausts und Mephistos wird ins sozial unterste Milieu versetzt. Auf dem Weg durch die Welt der Armen kommen Johanna und Slift auch in einer „Fabrikkantine" (S. 37) an, die eine Entsprechung zur Szene *Auerbachs Keller* in Goethes *Faust I* ist. Dort erfüllt Mephisto die Wünsche der zechenden und feiernden „lustigen Gesellen" (vor V. 2073) und Studenten; in Brechts Stück bekommt die hungernde Witwe des im Sudkessel zu Blattspeck verarbeiteten Luckerniddle von Johanna einen Teller Erbsen. Auch hier wird die Szene ins Gegenteil verkehrt: Statt fröhlicher Zecherei und lustigen Gesellen, isst eine hungernde Witwe „gierig" ein Essen, in dem sich Speck befinden könnte aus dem Sudkessel, in den ihr Mann gefallen ist; ihr wird „schlecht" (S. 41), aber man soll das Essen stehenlassen, sie komme wieder.

Ein weiterer szenischer Vorgang bindet sich an Johanna als weiblichen Faust. Sie unternimmt drei *Gänge in die Tiefe*. Das erinnert nachdrücklich an Fausts *Gang zu den Müttern* aus *Faust II* (V. 6213 ff.). Auch hier geht es wieder um den Gegensatz von Erkenntnis und ökonomischen Zwängen. In beiden Wanderungen der agierenden Person geht es um bisher unbekannte Ursachen, letzte Weisheiten, bei Goethe ist es das Mysterium von Helena und Paris, verbunden mit Schönheit und Liebe. Johanna dagegen fragt nach den Gründen für die Arbeitslosigkeit und die Armut. Der Unterschied wird erkennbar: Bei Goethe führt der Gang zu den Müttern in den antiken Mythos, bei Brecht führt der Gang in die Tiefe in die moderne Ökonomie. Ein unvereinbarer Gegensatz wird damit erreicht: Mit dem Weg in den Mythos dringt der Mensch zu ihm unbekannten vorgeschichtlichen Bereichen vor, „im tiefsten, allertiefsten Grund" (Goethe, *Faust II* , V. 6284), zeit- und ortlos, wie Mephisto Faust mitteilt. Mit dem Gang in die Tiefe dringt der Mensch zu ihm ebenfalls unbekannten Bereichen vor, die aber von gesellschaftlicher Bedeutung sind und das Verständnis von Geschichte und des Menschen geschichtliche Aufgabe ermöglichen. Aber auch Johannas Traum (vgl. S. 87) von einer kommenden Revolution enthält faustische Züge, denn wie Faust hofft, dass die Sümpfe trocken gelegt werden, so sieht Johanna die Menschen aufbrechen zu einer Neugestaltung der Welt, wobei sie nur noch mitmarschieren kann, jedoch an der Spitze. Es ist eine Variation zu Brechts These von der kollektiven Tat, in der das Individuum aufgehen soll.

Eine letzte Parallele findet sich schließlich am Schluss. Brechts Johanna wird in einer Apotheose zur Heiligen der Wirtschaft erhoben wie Schillers Johanna zur Nationalheiligen Frankreichs bzw. des einheitlichen und befreiten Zentralstaates. Dass Brechts Johanna so erhoben werden kann, hat sie sich „verdient" durch unterlassene oder ausgebliebene Handlungen. Damit steht ihr Tod im Gegensatz zum Tod von Goethes Faust, der tätig geworden zu sein meint. Sein Ziel ist die Kolonialisierung der Sümpfe; zwar ist das Spatengeklirr, das er hört und mit dem er die Trockenlegung verbindet, in Wirklichkeit das Spatengeklirr beim Ausheben seines Grabes. Aber er sieht vor seinem geistigen Auge den tätigen Menschen der Zukunft. Nicht so Johanna; sie hat auf die Tat verzichtet, sie hat sie sogar verhindert, als sie den Brief zum Streik überbringen sollte, und sie hat auch keine Vision zukünftiger Tat: Selbst einen kleinen Dienst, die Überbringung eines wichtigen Briefes, hat sie „nicht ausgerichtet" (S. 140). Sie erkennt, dass sie den „Geschädigten (…) ein Schaden" war und den „Schädigern" nützlich (S. 142). Deshalb kann sie heilig gesprochen werden, nicht von den himmlischen Mächten, sondern von Schlächtern und Viehzüchtern. Johanna ist für Brecht die typische Repräsentantin der ausgebliebenen Handlungen, letztlich auch der stets unvollendet gebliebenen Revolutionen in Deutschland. Erst während des Strebens lässt Brecht sie erkennen, was für die Tat die entscheidende Voraussetzung gewesen wäre: „Gewalt" (S. 146) statt Reformen, Tat statt Verharren, denn „es helfen nur Menschen, wo Menschen sind" (S. 146). Die auffallende Parallele zwischen Fausts und Johannas Tod wird zum Gegensatz von faustischem Menschen im Sinne Goethes und der „heutigen Entwicklungsstufe des faustischen Menschen", der im Falle Johannas ein unfaustischer Mensch ist.

LITERATUR

Zitierte Ausgabe:

Brecht, Bertolt: *Die heilige Johanna der Schlachthöfe.* Berlin: Suhrkamp Verlag: 35. Aufl. 2012 (edition suhrkamp 113)
→ Entspricht der Druckfassung in den Versuchen 1932; zitiert wird mit nachgestellter Seitenangabe.

Brecht, Bertolt: *Die heilige Johanna der Schlachthöfe. Bühnenfassung, Fragmente, Varianten.* Kritisch ediert von Gisela E. Bahr. Frankfurt am Main: Suhrkamp Verlag, 1971 (edition suhrkamp 427) → Zitiert als „Bühnenfassung".

Weitere Quellen:

Brecht, Bertolt: *Versuche 13–19 (Heft 5–8).* Berlin: Aufbau-Verlag, 1963 → *Die heilige Johanna der Schlachthöfe*, Heft 5 der Versuche (1932), S. 5–100.

Brecht, Bertolt: *Die heilige Johanna der Schlachthöfe.* In: Bertolt Brecht: Stücke, Bd. IV, Berlin: Aufbau-Verlag, 1962, S. 5–216.

Brecht, Bertolt: *Werke. Große kommentierte Berliner und Frankfurter Ausgabe.* Hrsg. von Werner Hecht, Jan Knopf, Werner Mittenzwei, Klaus-Detlef Müller. Berlin und Weimar: Aufbau-Verlag, Frankfurt am Main: Suhrkamp-Verlag 1993 → *Die heilige Johanna der Schlachthöfe* Bd. 3; *Joe Fleischhacker* Bd. 10, Gedichte Bd. 11–15, zitiert als GBFA.

Brecht, Bertolt: *Stücke* (in 12 Bänden). Berlin: Aufbau-Verlag, 1962/63.

Brecht, Bertolt: *Schriften zum Theater.* Band I–VII. Berlin und Weimar: Aufbau-Verlag, 1964.

Brecht, Bertolt: *Texte für Filme.* Bd. II: Exposés, Szenarien. Berlin und Weimar: Aufbau-Verlag, 1971.

Brecht, Bertolt: *Briefe 1913–1956.* 2 Bände. Berlin und Weimar: Aufbau-Verlag, 1983 → Bd. 1: Texte, Bd. 2: Anmerkungen.

Brecht, Bertolt: *Tagebücher 1920–1922. Autobiographische Aufzeichnungen 1920–1954.* Berlin, Weimar: Aufbau-Verlag, 1976.

Brecht, Bertolt: *Arbeitsjournal 1938–1955.* Hrsg. v. Werner Hecht, mit einem Nachwort von Werner Mittenzwei. Berlin, Weimar: Aufbau-Verlag, 1977.

Sekundärliteratur:

Brecht-Zentrum der DDR (Hrsg.): *Brecht 83. Brecht und Marxismus. Dokumentation.* Berlin: Henschelverlag Kunst und Gesellschaft, 1983 → Protokoll der Brecht-Tage 1983, Redaktion Werner Hecht u. Inge Jahn-Gellert.

Fradkin, Ilja: *Bertolt Brecht. Weg und Methode.* Aus dem Russischen von Oskar Törne. Leipzig: Reclam, 1974 (RUB 551).

Fuegi, John: *Brecht & Co. Biographie.* Autoirisierte erweiterte und berichtigte deutsche Fassung von Sebastian Wohlfeil. Hamburg: Europäische Verlagsanstalt, 1997 → Einseitige, Brechts Schaffen auf die „Ausbeutung" seiner Mitarbeiter reduzierende Arbeit, die das kollektive, zeitgenössisch übliche Schaffensprinzip nicht wahrhaben will, mit wenigen Erkenntnissen zur Werkinterpretation.

Hartung, Günter: *Der Dichter Bertolt Brecht. Zwölf Studien* (Gesammelte Aufsätze und Vorträge, Bd. 3). Leipzig: Leipziger Universitätsverlag, 2004.

Kebir, Sabine: *Ich fragte nicht nach meinem Anteil. Elisabeth Hauptmanns Arbeit mit Bertolt Brecht.* Berlin. Aufbau-Verlag, 1997.

Knopf, Jan (Hrsg.): *Brecht Handbuch.* 2 Bände. Stuttgart: J. B. Metzler 1980 (Ungekürzte Sonderausgabe 1986) → Eine ebenfalls von Jan Knopf herausgegebene fünfbändige Neuausgabe erschien bei J. B. Metzler 2001–2003.

Knopf, Jan: *Bertolt Brecht. Lebenskunst in finsteren Zeiten. Biografie.* München: Carl Hanser Verlag, 2012.

Mayer, Hans: *Brecht.* Frankfurt am Main: Suhrkamp Verlag, 1996.

Mittenzwei, Werner: *Das Leben des Bertolt Brecht oder Der Umgang mit den Welträtseln.* Zwei Bände. Berlin und Weimar: Aufbau-Verlag,1986.

Mittenzwei, Werner (Leiter der Forschungsgruppe): *Theater in der Zeitenwende. Zur Geschichte des Dramas und des Schauspieltheaters in der DDR 1945–1968.* Zweiter Band. Berlin: Henschelverlag Kunst und Gesellschaft, 1972, S. 184, 319–324.

Rülicke-Weiler, Käthe: *Die Dramaturgie Brechts. Theater als Mittel der Veränderung.* Berlin: Henschelverlag Kunst und Gesellschaft, 1966, S. 137–146 u. ö. → Wichtige dramaturgische Analyse des Stückes und Anwendung auf Karl Marx' *Das Kapital*.

Schumacher, Ernst: *Die dramatischen Versuche Bertolt Brechts 1918–1933.* Neue Beiträge zur Literaturwissenschaft, Bd. 3. Berlin: Rütten & Loening, 1955; besonders S. 434–493 → Schumacher lernte Brechts Werke 1944 in den Vorlesungen Arthur Kutschers kennen. Zu Lebzeiten Brechts und im Austausch mit ihm entstandenes Standardwerk der Brechtforschung.

Schumacher, Ernst: *Brecht-Kritiken*. Berlin: Henschelverlag Kunst und Gesellschaft, 1977.

Völker, Klaus: *Bertolt Brecht. Eine Biographie.* München, Wien: Carl Hanser Verlag, 1976.

Wekwerth, Manfred: *Schriften. Arbeit mit Brecht.* Berlin: Henschelverlag Kunst und Gesellschaft, 1975.

STICHWORTVERZEICHNIS

KÖNIGS LERNHILFEN

Das Standardwerk in Sachen Filmanalyse – jetzt aktualisiert und erweitert. Deutsch 9. – 12. /13. Klasse

Stefan Munaretto
Wie analysiere ich einen Film?
9.–12./13. Klasse und Studenten
im Grundstudium
ISBN: 978-3-8044-1588-1

Folgende Themenbereiche werden behandelt:

- Themen und Ideen
- Erzählung
- Montage
- Kamera
- Produktionsdesign
- Ton
- Genre
- Realismus
- Globalisierung
- Der Zuschauer
- Schauspiel

Mit Glossar und Filmregister

Die einzige Vorbereitung für alle Aufsatzthemen von der 10. Klasse bis zum Abitur – mit Kommentierungen und Musteraufsätzen.

Christine Frieps/Annett Richter
Das große Aufsatzbuch -
von der 10. Klasse bis zum Abitur
ISBN: 978-3-8044-1584-3

33 bewertete und kommentierte Musteraufsätze

Themen aus dem Inhalt:

- Problemerörterung
- Literarische Erörterung
- Argumentierendes Schreiben
- Sachtextanalyse
- Erschließung eines Erzähltextes
- Erschließung eines Dramentextes
- Gedichtinterpretation

www.bange-verlag.de

DIGITALES ZUSATZMATERIAL

Literarisch vernetzt! Über 600 Materialien online.

- -

Neuerscheinungen, Aktionen, kostenlose Angebote und Infos rund um Literatur.

Melden Sie sich gleich an – es lohnt sich!*

- über **150 Gedichtinterpretationen** je 0,99 Euro

- über **200 Königs Erläuterungen** als PDF

- **Königs Erläuterungen** jetzt auch **als E-Book** für alle gängigen Lesegeräte, iPad und Kindle

- über **50 MP3** mit Audio-Inhaltszusammen- fassungen zu gängigen Werken kostenlos!

+ über **150 kostenlose Abituraufgaben**

+ Anleitung „Wie interpretiere ich?" kostenlos!

+ Anleitung „Wie halte ich ein Referat?" kostenlos!

+ Literaturgeschichte von A-Z kostenlos!

Seien Sie immer aktuell informiert mit unserem **Newsletter** oder über unsere **Social-media-Plattformen.**

 Königs Erläuterungen   www.bange-verlag.de

* Sie erhalten max. 1 Newsletter monatlich!

www.königserläuterungen.de   www.bange-verlag.de

KÖNIGS LERNHILFEN

Interpretationen in Hülle und Fülle

→ Thematisch zusammengefasste Einheiten
→ Die am häufigsten in der Schule gelesenen Texte
→ mit Texten und Musterinterpretationen
→ Von Lehrern und Literaturwissenschaftlern verfasst

Beliebte Gedichte interpretiert
9.–12./13. Klasse
ISBN: 978-3-8044-1204-0

Beliebte Balladen interpretiert
9.–12./13.Klasse
ISBN: 978-3-8044-1477-8

Beliebte Erzählungen
und Novellen interpretiert
9.–12./13. Klasse
ISBN: 978-3-8044-1504-1

Beliebte Kurzgeschichten
interpretiert
9.–12./13. Klasse
ISBN: 978-3-8044-1205-7

www.bange-verlag.de